JN295528

南極で宇宙をみつけた！

生命《いのち》の起源を探す旅

朝日新聞記者
中山由美

草思社

巨大な氷の壁が迫るセールロンダーネ山地

高温と高圧で変成した岩が
不思議な模様を描く

超大陸ゴンドワナ誕生の謎に迫る
地質調査隊

バード氷河の上で出くわしたクレバス

バルヒェンのベースキャンプ地。
その向こうには青く光る裸氷が広がる

私も隕石みつけた！

モジュールでベルギーのアラン（左）と
土屋さん（右から２人目）、熱く語る

クラウン湾に停泊している
「しらせ」の近くに現れたアデリーペンギンたち

大気による屈折でつぶれて見える満月

凍った南極海の彼方に現れた氷山の蜃気楼

波打つ氷は青白くきらめき、
まるで海のようだ

セルロン地学調査隊

調査を終えて帰途へ

南極で宇宙をみつけた！

生命《いのち》の起源を探す旅

目次

第二章 はるか46億年前とつながる場所へ

第三章
命がけ、それでも楽しい氷上生活

第四章 仲間が待つ昭和基地へ

第五章 人の命の長さとはかなさと

プロローグ——きっと道は開ける

この世には奇妙な病がある。「南極病」なるものをご存じだろうか。冷凍庫よりも寒い雪と氷の白い世界で、情報社会からも隔絶された「浦島太郎」となり、一年四カ月を暮らした者の多くが感染してしまう。実は私も、その病にかかってしまった一人だ。

南極での越冬から、色があふれる世界に戻り、いつでも新鮮な野菜や果物を食べられ、風呂にも入れる快適な生活に歓喜したのはつかの間。発症は帰国後ほどなくだった。

「もう一度、行きたい」。そのムシがうずき出し、いてもたってもいられなくなった。

「あんな寒い所にまた？」。あきれ顔で見られても、わかってもらえる説明はどうにもできない。これは「南極病」に間違いない。

＊

二〇〇三年春、私は朝日新聞東京本社外報部の一記者だった。とくに優秀なわけでもなければ、ベテランでもない。元気だけは人一倍だったか。「一に体力、二に精神力、三、四がなくて、五にやっと知力」。そんなフレーズがぴったりと自分では思っている。それがどういうわけか、「南極へ行ってみないか?」と、唐突に上司に聞かれたのだ。

「南極……ですか?」

行ける所だなんて想像したこともなかったから「行ってみたい」という気持ちは頭の隅にも浮かばなかった。でも、そんなチャンスがあるなら、迷う余地はない。私は即答した。

「行きたいです! でも……南極でいったい何を?」

知らない所に行ってみたい、やったことがないことをしてみたい、好奇心旺盛は昔から。頭を使うより、体を動かす方が好き。考える前に走り始めているタイプかな。山や海、自然にどっぷり浸かっている時間が何より楽しい。大変そうだけれど、行こうと思ったって、なかなか行ける所じゃない。こんなすごいチャンスを断る理由はない!

「どうして選ばれたの?」とよく言われるが、私に聞かれても困る。「朝日新聞は一九五六年、南極へ観測隊を送ろうと言い出したのです。一次隊には記者や通信隊員、航空機の操縦士ら社員十人を送り込んで……」と朝日新聞と南極観測の歴史の説明をひとしきり。でも答えになっていない。きっと社の幹部の本音は「女性を行かせたらおもしろい」だったのだろう。女性記者は初めて、しかも越冬だ。屈強な男性では驚きはない。女性なら話題になりそうだ。かくして私は第四十五次南極観測隊の越冬隊に同行することとなった。

＊

二〇〇五年三月末、帰国してからは「語る」仕事が増えた。「原稿書いているより、しゃべってる方がいいんじゃないか」と上司や先輩からよく言われる。喜んでいいのか、記者としては悲しむべきなのか、難しいところだ。各地の学校や市町村、団体から、講演やイベントに呼んでいただいている。大きなバッグを担いで、着いたときの反応がおもしろい。

「えーもっと大柄な人だと思っていました！」「きゃしゃですね」

初対面の相手はたいていこんな言葉で出迎える。身長百五十七センチだから、そんなに小さいわけでもないのに。毎日八キロジョギングして、山に登り、スキーをし、合気道三段でスキューバダイビングもする体力派と、自分では思っている。腕にはそこそこ立派な力こぶがぷくんとできるし、子持ちシシャモみたいな筋肉がふくらはぎについている。なのに、きゃしゃに見えるとは？

「南極なんて、すごい所に行って暮らしていた」って先入観があるからかも。ぶかぶかの赤い羽毛服を着込んで、ペンギンとたわむれていたシーンが目に焼き付いている人もいるかもしれない。朝日新聞のテレビＣＭだ。サイズの合わない観測隊の古いタイプの防寒羽毛服は、私が着ると「肉じゅばん」みたいだった。出発直前の収録、「これ撮れないと終わらないからお願い」と言われて、しぶしぶ「あ～さひがサンサン、おはようさん」と歌わされた恥ずかしいシーンの放映は、南極越冬中で見られなかったのは幸いだった。

「小柄なんですね」。そんな第一印象を裏切るのが楽しい。「こんな人が南極へ？」という視線を浴びながら、越冬体験を語り出せば、体も心も実は相当ず太い人間だとバレてくる。話を聞いて「私も南極へ行きたくなった」と言ってくれるとうれしい。特別な能力、ずば抜けた体力や頭脳、エリートじゃなくたって、チャンスがあることを私が体現しているのだ。「何かひとつ、得意と思えること、人には負けないと思えることを精一杯がんばれば、きっと道は開ける」――。南極を夢見る人には、そんなエールを送り続けている。

南極越冬は確かに、私のその後の人生を変えた。

訪れた内陸のドームふじ基地。深さ三千メートルから掘り上げた氷には、七十数万年前の大気が封じ込められている。大陸沿岸を歩けば、足の下に十億年前の石がある。見上げればオゾンホールが開く空、増えゆく二酸化炭素……。超大陸がどのように生まれ、地球の気候はどう変わっていったのか、南極は地球の過去から今、そして未来を見渡す場所、南極から地球が見えてくる。その魅力は語り尽きない。でも、南極で撮ってきた写真を見せながら、マイクを握って話している最中、ふと寂しさにかられる瞬間がある。

「目で見てきれいなオーロラって全然違うんです。いろんな色に変わりながらメラメラ輝いて天頂を駆け巡ります。暗い夜空を動きまわる光はとても写せません。ぽかんと口を開けて見上げるだけ。写真できれいなオーロラは実はぼやっとした動かない光なんです」

写真やビデオでは残せないあの美しさは、記憶の中にある。でも、写真で再現したオーロラばかり眺めていると、私の記憶も少しずつ塗り替えられてしまわないだろうか……。

「ドームふじ基地は標高三千八百十メートル、気圧は六百ヘクトパスカルで、空気の薄さは平地の三分の二。ちょっと動いただけでも息が切れます。気温はマイナス六十度でした！　冷凍庫よりも寒いんです」

雪上車で一カ月走った旅、寒くて体が動かず、寝不足と疲労で頭ががんがん痛んだこと、何度も話していると、生身の体で味わった現実感が薄れていってしまうような……。講演も回を重ねれば、話は流ちょうになり、ジョークも飛ばす。慣れてくればくるほど、南極体験談が自分のことではないようにも思えてくる、不思議な焦燥感がよぎる。

一緒に越冬した仲間の多くは、南極とは無縁の仕事場に戻っている。じゃあ、南極の思い出は新鮮なまま「冷凍保存」されているかと言えば、それも多分違う。それぞれの職場に戻り、仕事に追われ、日々の生活の中、ふと振り返れば、「本当に自分は南極で暮らしていたんだっけ」と思う瞬間がある。まるで夢を見ていたような……。

懐かしさと寂しさが入り交じる。そして「帰りたい」という思いがうずき出す。何かやり残してきた気がする。次に行ったら、今度はもっとうまくできるはずだ。また行きたい。そんな

「症状」が出始めれば、もう立派な「南極病」だ。「忘れ物」をとりに行きたい気持ちは日に日に大きくなった。あの南極へもう一度――。

でも、私の二回目は初めてより、ずっと大変だった。研究者や、観測や基地の暮らしを支える設営隊員なら、越冬経験は再挑戦にプラスだ。でも私は報道、ニュースがいる。同じ所に行って同じネタを取材するわけにはいかない。再び昭和基地へ行くことは無理だろう。「外国基地なら」と思い、アメリカやイギリス、ドイツへ問い合わせてみた。でもアメリカの担当者は「報道は納税者への義務と考えています」と。米国民に税金の使われ方を伝えることが重要であり、日本で報道されても意味はないと、遠回しに言われたわけだ。

それでも私は「いつかまた南極へ、きっと行ける」と信じた。いや、信じていないと夢はかなわなくなってしまいそうだから、「信じ続けていなくては」と念じ続けていた。

初めての南極は「棚ぼた」の幸運。二度目は「死にものぐるいでつかまなければ、手に入れられないチャンス」だった。

＊

セールロンダーネ山地調査が十七年ぶりに再開されたのは、そのころだった。二〇〇七年十一月、四十九次夏隊の地質調査隊が成田空港から飛び立った。南アフリカ共和国のケープタウンから国際共同運航のチャーター便を使って南極入りする。観測船「しらせ」を使わず、昭和基地に寄らない別動チームだ。セールロンダーネ山地、略して「セルロン」――いったいどんな所だろう。四カ月後に帰国したメンバーの一人、阿部幹雄さんの写真を見て衝撃を受けた。見慣れた南極の景色とはまるで違った、見たこともない景色だった。

小さな島にある昭和基地での越冬。四、五キロ先の南極大陸に足を延ばせば、海に向かって巨大な氷河が流れ落ちていた。沿岸の所々には岩場が顔を出し、湖が点在していた。内陸のドームふじ基地は三百六十度真っ白な雪原の中、千キロ四方生き物すらいない、究極に孤立した世界だった。厚さ平均約二千メートルの氷をかぶった南極大陸を例えるなら、巨大な大福かな。「雪平線」――青い空と白い大陸が接する緩やかな曲線を、昭和基地から眺めながら、勝手にそんな名前を思いついた。一年四カ月の越冬で歩いたどの場所にも、セルロンは似ていない。きらめく氷原から奇妙な形をした岩々が天を突くようにそびえ立つ。「こんな所があるんだ」。私はまだ日本の三十七倍もある南極のほんの一端しか知らないのだ。

「すごいですね」「きれいだなぁ」と繰り返しながら、胸の内には半ば悔しさもあった。「こんな所に行けるなんて、うらやましい」

阿部さんは観測隊のフィールド・アシスタント。過酷な現場でも、研究者が安全に調査できるように支援する。本業はカメラマンだ。セルロンは昭和基地から西へ五百～七百キロも離れ、四国ほどの大きさがある。取材価値は十二分だが、問題は経費。観測隊員なら国から出るが、同行者は派遣元が負担する。「しらせ」で往復するなら三十万円程度ですむが、国際チャーター便となれば五百万円くらいかかるらしい。とても無理だ。

二〇〇八年十月下旬、阿部さんは五十次夏隊のセルロン隊で再び赴く直前だった。レストランでの壮行会の席、「行きたくてしょうがない」と顔に書いてある私に言った。

「行けばいいじゃないですか」と阿部さんはワインを傾けながら、涼しい顔で言う。「五十一次では、新しらせで入るグループもできるみたいですよ」

夢はいきなり現実味を帯びてきた。来秋出発の五十一次観測隊は四代目となる新しい「しらせ」で初めて南極へ向かう。セルロンへは、航空機で隊員を送ると同時に、新「しらせ」も回航して隊員を送ろうとの計画があるらしい。「船なら、行けるかも」。私は浮き足だった。

ほどなく、五十一次隊の隊長は本吉洋一さんと発表された。観測隊派遣元の国立極地研究所（極地研）の副所長であり、地質研究者だ。

「五十一次のセルロン隊って、しらせ入りもあるって聞いたんですけれど？」

早速、情報収集だ。地質調査に加え、地形の調査と隕石探査もするという。南極に航空機で入る隊員あり、「しらせ」で入る隊員あり、帰りも空と海に分かれるらしい。あれこれ聞いてくる私を見て、本吉さんはにやりと笑う。「行きたいんでしょ？」

会社の上司にはどう切り出すか、考えあぐねた。「南極に行きたい」と言えば、来る言葉はわかっている。「またか?」。その次になんと言おうか……。悩んでも先に進めない。言うのはタダだ。ええいっ、当たって砕けろの心意気だ!

「南極観測隊でセールロンダーネ山地へ行きたいんです。約二カ月の野外調査で、隕石探査に同行できれば報道初になるんです」。新「しらせ」の就航、九年ぶりの隕石探査、ベルギーとの共同観測……思いつくセールスポイントをありったけ。「初の同行取材はうちならチャンスがあるんです」。南極初めての記者では、厳しい長期の野外観測の同行を受け入れてもらえないだろう。越冬と内陸遠征を経験したライバルは、ほかにはいないはずだ。

幹部の部屋に呼ばれたのは、それから半月後のクリスマスの日だった。

「行かせてやる。ただし三倍働くんだぞ」。新聞にもネットにも書いて、写真もビデオも撮って……。「出る杭《くい》は打たれる。出過ぎりゃ打たれない。お前は、出過ぎればい

い」

優秀な記者ではない。不器用だけれど、「こんなことやらせたらおもしろい」と、この変わり種記者の「使い道」を心得ている救世主もいたのだ。

会社からゴーサインが出た！　喜び勇んで極地研へ足を運んだが、事はそう簡単には運ばない。本吉隊長の言葉は甘くはなかった。「セルロン隊は十五人になりそうで、できれば人数を減らしたい」と開口一番。昭和基地から遠く離れて孤立する。何か起きたときに救援がかけつけるまで一週間、いやそれ以上かもしれない。何よりも、安全が最優先だ。

これには深い訳がある。セルロンは、隕石隊が大事故を起こした「トラウマ」の地なのだ。一九八九年一月十三日金曜日、当時の隊員たちの話によると、こんな様子だった。

二十九次隊隕石探査の九人はセルロン東部のバルヒェンを目指していた。スノーモービル三台が先導し、雪上車三台、さらにスノーモービル一台が追う。午後七時半過ぎ、沈まぬ太陽に輝く氷原には深い割れ目・クレバスが無数に潜んでいた。スノーモービルで走り抜けた瞬間、クレバスを覆い隠す雪の上を通り過ぎていたことに気付き、背中が凍る。

「ここは危険だ。安全な場所へ戻ろう」

一台の雪上車が右にカーブを切り始めたところで、がくんと傾いた。そりをひいていたワイヤーがぶつんと切れ、雪上車はあっという間に消えた。そり三台だけが雪の上に残され、その前には幅三、四メートルもある氷の裂け目がばっくり口を開けていた。

そろりそろりと氷の縁に近づいてのぞき込むと、約三十メートル下に横倒しになった雪上車が小さく見えた。「おーい、大丈夫か？」

運転していた矢内桂三隊長は「何が起きたのか、すぐにはわからなかった」という。体のあちこちが痛むが、動ける。助手席にいた隊員を見ると、頭から真っ赤な血が流れていた。天井になっていた運転席からはい出し、顔を上げると、氷の隙間から青い空が見える。「助けに行くぞ」。一人がザイルで下り、けが人にザイルをつけると、上から引き上げた。

不運は重なる。けがした隊員を小さなそりにのせ、搬送している最中、一番後ろにいた一人が別のクレバスを踏み抜いてしまったのだ。その隊員は医師だった。

「つかまれ！」。肩まではまっていたところを仲間が支える。「よし、引き上げるぞ」。三人がかりで手を引っ張るが、肩はすでに雪面より落ち込み、上げられない。荷物を固定するスリングベルトを体に巻こうとした。「無理だ」。なんとかザックに固定し、スノーモービルにつなぐ。でもずり落ちるばかり。遂に力尽き、手袋だけを残して隊員は氷の中に吸い込まれた。青白い穴をのぞくと、深さ約三十五メートルの雪棚に小さな姿が見えた。

「ドクター！　ドクター！」。何度も呼びかけると、わずかに手が動いた。「生きている」。かすかな声が返ってきた。「すぐ助けるから、がんばれ！」

一人がクレバスに下りる。担架をつくり、落ちた隊員をのせて引っ張り上げた。左大腿骨股関節脱臼の重傷だった。救出作業が終わったのは、日付も変わり、午前二時だった。

事故の知らせを受けて、「しらせ」もすぐに向かった。だが、厚い海氷に阻まれ、思うように進めない。事故現場に助けが到着したのは、事故から八日後。一月二十一日、「しらせ」に搭載されたヘリコプターが真っ白な雪原の向こうに見えた。けが人三人を収容し、「しらせ」で南アフリカのケープタウンまで緊急搬送。空路でロンドンを経由し、日本へ帰国して本格的な治療を施された。

「あんなに深いクレバスに落ちて、生きていたのは奇跡」と矢内隊長は振り返った。クレバスの底に積もっていた雪がクッションになったのが、不幸中の幸いだった。事故の原因究明や責任問題は後を引いた。隕石探査はその後、十年間も中断することになる。

「あのセルロンで二度と事故を起こせない。そんなことが起きたら、将来はないかもしれない」。セルロン遠征を計画する関係者の胸の内には、それくらいの気持ちがあった。しかも今回は地質隊、地形隊、隕石隊の三つのグループがそれぞれの計画で動く。慎重過ぎるくらい慎重になる。

私はと言えば、「強く願えば絶対にかなう。前進あるのみ！」、そんな楽観主義でいた。だが実際は、セルロン行きは「崖っぷち」、年が明けても厳しさを増すばかりだった。

「予算も大幅に削られて大変です。でも最大の問題は人数です」。極地研の部屋で本吉隊長は申し訳なさそうな顔をする。「医師を入れることになったんです」。南アフリカとベルギーの研究者、技師らも加わって総勢十六人。「スノーモービルやテントも必要だし、余裕がなくなりました。現時点で同行記者を受け入れる可能性はほとんどありません」

「状況が変われば」と考えたいが、好転するとはなかなか思えない。でも諦められない。「短期間だけでも行ける手は何か……?」。なんとか切符をつかみ取りたいと食らいつく。

「国際チャーター便で入る手があるかもしれません」と本吉隊長。前半一カ月をセルロンで取材し、「しらせ」で入るグループが来たら入れ替わり、後半は昭和基地で取材——。悪くなさそうだが、問題が二つ。航空機だと片道でも二百万円くらいかかる。もう一つは、新「しらせ」初航海というのに、それに乗らずに南極入りするのはどうかという問題だ。

何はともあれ南極へ行く、セルロンへ行く! 悩んでいても始まらない。今は一歩でも近づけるように動き出すときだ。そう決めた。最善の方法を探る。今日がスタートだ。

＊

「今ごろ、皆は雪にまみれて、ルート作りの練習しているころかな」

三月三日、大きなザックを背負って一人、新宿駅で松本行きの特急に乗り込んだ。午後三時半、甲府駅到着。窓の外には小雪が舞い始めている。天気予報でも、今夜は大雪注意報が出ている。二日から六日まで、乗鞍《のりくら》高原で観測隊恒例の冬期訓練だ。私は途中参加。午後八時過ぎ、皆が泊まる鈴蘭《すずらん》小屋に顔を出した。ミーティングが終わって出てくる顔ぶれに知った顔もちらほら見える。四十五次隊で一緒に越冬した桑原新二さんと大市聡さんも。「えっ？　なんで？」と私を見てびっくりした顔。「いや取材、取材」とごまかした。

観測隊員が決まるのは毎年六月だ。でも、その前から準備は始まっている。隊員候補者が初めて一堂に顔を合わせるのが、この「冬訓」だ。雪の中で遭難を想定したビバーク訓練もする。四十五次隊で越冬していたとき、「あの冬訓、きつかったね」なんて、皆が懐かしがっていたのがちょっと悔しかった。同行が決まったのは、冬訓もとうに終わった五月だったからだ。隊員たちと顔なじみになって理解を得るために、早く仲間に加わりたい。ただ、今の私には参加資格もない。「体験取材」と称しての「押しかけ」だ。

「明日の荷物、確認するよ」。スキー、ビンディング、シュラフ、マット、アイゼン……自分で持ってきた荷物だけでもザックはふくれあがっているのに、銀マットとテントのペグ、トイレットペーパー、登攀《とうはん》用の装備一袋も渡される。これ全部、担げるのかな。

翌四日から一泊二日のビバーク訓練、冬訓のメインイベントだ。何しろ南極に行く前に雪の中でできるのは今回限りだから。雪中を歩き、ツェルトの下でシュラフにくるまって寝て……。昔と違って今は山やアウトドアの経験がない隊員も少なくない。生まれて初めての野営なんて人も。初めての合宿生活で毎年、ハプニングも笑い話もいっぱいだ。

セルロン隊は、ほかの隊員たちとはコースが違う。南極では昭和基地に寄らず、ずっと野営生活となるため、いろんな別の訓練メニューが用意されている。目指すは山の上だ。

「ザックが歩いてるみたい」。大きな赤いザックを背負って、宿の前に現れた私を見て、皆はくすくす笑っていた。背中には二十キロくらいの荷物、「ひっくり返ったら、一人で起き上がれないカメになるな」、こっちは必死だ。「じゃあ、がんばって行くぞ!」

リフト三本を乗り継ぐ。スキー板の滑走面に滑り止めのシールを貼って、一歩一歩斜面を登っていく。「鍛えているはずなのに、なんでこんなに息が切れるんだろう」と思ったら、すでに標高二千メートルを超えていた。

アイゼンをつけて、ガッシガッシと雪の斜面を登り下りする。つるつるに凍った急斜面で滑落訓練も。「行きます!」。滑り落ちながら、くるっと体を回して、斜面にうつぶせになり、ピッケルを雪にぐさりと刺す。「実際も、こんなにうまくいけばいいけれど」。深いクレバスに落ちたときを想定して、高い木の枝にかけたザイルをよじ登る。けが人を引っ張り上げる……。あれこれ訓練しているうちに、あっという間に太陽は傾いた。

テントで夜を迎えた。厚いシュラフにくるまっても雪面から冷たさが伝わる。セルロンに行けたら、こんなテントで長く生活するのか。楽しみのような、大変なような……。

飛び入り参加した三日間、メンバーと顔見知りになれただけでも収穫は大きい。「早く仲間入りしたい」。そんな気持ちを抱きながら、東京へ向かう特急に乗った。

＊

六月、五十一次隊のメンバーが発表された。同行記者は共同通信と秋田魁新報の記者二人。なんと朝日新聞は、抽選ではずれてしまったのだ。

観測隊の取材は半世紀以上前から「南極記者会」の代表取材となっている。一九五六年出発の一次隊に同行したのは朝日新聞と共同通信。どこの社でも南極へ行ける時代ではなかった当時、国内の新聞社やテレビ局にも記事を配信しようという取り決めになったのだ。

今回、その枠は「二人」とされた。これには文科省にある狙いがあった。通信技術も発達し、二〇〇四年には昭和基地にもインターネットが開通した。隊員がメールで新聞に寄稿したり、ブログを書いたり、情報発信できる。そんな時代に代表取材社が他社に記事や写真を提供し続ける必要があるのか――。記者会代表ではない「別枠」をつくり、新たな門戸を開こうという初めての試み、「企画提案取材」なるものを考えていたのだ。もちろんそれを狙ったわけじゃない。はずれくじで記者会代表の二席を共同通信と秋田魁に奪われ、私の南極行きの決定はまた先送りだ。やれやれ……。

晴れて観測隊員となったメンバーは草津温泉で夏期訓練、私が待つのは企画提案取材の公募だ。その後すぐ文科省は要項を発表した。「自らの企画により取材をして、国民への情報提供や理解増進の発信を……」とある。これまでと違うものを狙うなら、テレビ朝日とのタイアップだ。セルロンに行けたら、昭和基地にはいられない。テレ朝がカメラクルーを出してくれたら昭和基地をカバーできる。二手に分かれて取材範囲も広がり、新聞とテレビ、インターネットなど多方面に発信できる。

一カ月後、応募書類を抱えて文科省の扉をくぐる。入学願書を出す受験生の気分だった。根を詰めて勉強してきて、さあ試験に向かうぞ――みたいな心境。いよいよ決戦の時だ。

八月十七日、文科省の一室で第一次書類審査の初会合が始まった。審査委員長は極地研を引退した研究者。審査委員は、研究者や防衛省海上幕僚監部南極観測支援班長、日本科学未来館広報室長の四人。五十一次隊の本吉隊長は所用で欠席だ。傍聴者は閉め出され、会社に戻るが、仕事が手につかない。午後七時、事務局の文科省海洋地球課に電話してみた。

「朝日の件は悪くないんだけれどさ……セルロン取材はダメらしいよ」と担当者が言う。

「えっ？　審査委員からそういう指摘が？」

「観測隊が言ってきたんですよ。セルロンへの同行受け入れは厳しいって」と軽い声が、頭をがつんと殴るほどの衝撃だった。今になって「セルロン同行はなし」と言われて、「そうですか」とは言えない。「南極に行けても、その目的のセルロンが取材できなくなった」なんて……。昭和基地とその周辺の大陸沿岸の取材なら、前回と何が違うのか？　そもそも会社幹部たちを口説き落とした取材計画とまるで違う話になってしまう。「それなら、なんでまた行くのか？」と言われてもおかしくない。

「あともう一息」というところまで来て、暗闇の谷底へ突き落とされてしまった。でも絶対はいあがってやる。「記者の同行取材がどうして認められないのか」、黙って待っちゃいられない。極地研がどう考えているのか、とにかく確かめなくては。

翌日、立川の極地研は、お盆休みでひっそりしていた。本吉隊長の部屋に入って行った私は、そんな穏やかな空気にそぐわぬ、眉間《みけん》にしわの寄った顔だったに違いない。

「白石さんも呼びましょうか？」。白石和行教授はセールロンダーネ山地で調査した経験もある地質研究者の大御所だ。二人を前に私は思いをありったけ語った。

じっと聞いていた白石教授が、重たい口を開いた。「セルロンは厳しいオペレーションで、一人増えることだけでも危険の要素が高まるんです」

「危険なのは承知です。でも一人増えるというだけで危険と言えるのでしょうか？」

「危険と思うのは説明不能。『私の勘』としか言いようがありません」

「理論的な白石さんに、そんな言い方をされても、そうですかと納得はできません」

どちらも譲らない。四十分間、話はずっと平行線だった。

＊

書類審査が終わり、八月二十五日、プレゼンテーションと面接による二次審査の日。「どうか夢をかなえてください」。母と姉の写真、位牌《いはい》に手を合わせる。困ったときの神頼みならぬ、亡き母と姉頼みだ。できることはやった。あとは運を天に任せるしかない。

応募は全部で五件、うち三件が二次審査に呼ばれた。ほか二社はテレビ関係らしい。午後二時五十分、「それでは会場へ」と案内される。四人の委員と文科省職員も同席していた。取材で半分は見慣れた顔なのに、にこりともせず、緊迫した空気を漂わせる。

委員が質問する。「二度目ということで今回は何を？」「なぜ五十一次隊を希望されるのでしょう？」……。そのうち「番組の放送枠は決まっていますか？」「特別番組の放送は？」……テレビの質問ばかりになる。「新聞には期待していないの？」とこちらが聞きたくなった。なぜかセルロン取材について、突っ込んでくる委員はいない。

「ありがとうございました」。ぺこりと頭を下げて部屋を出る。会社に戻り、時計とにらめっこ。結果が出るのは夕方だ。何も手につかない。午後七時過ぎ、関係者に電話してみると、「外には絶対言わないでくださいよ。……おめでとうございます！」。

「ありがとうございました！」と頭を下げた途端に、「あっ、セルロンはダメみたいです」と付け加えられた。「えっ～そんな……」、天国からまた一気に地獄かぁ。ジェットコースターじゃあるまいし。越えねばならぬ大きく険しい山がいくつもあることを思い知らされる。黙って試合終了を迎えるのはイヤだ。九回裏ツーアウトになろうとも、絶対に諦めない。このまま「南極へは行けるけれど、セルロンには行けない」なんて結末じゃ、企画は根本から崩れる。指をくわえて見ているわけにいかない。でも今、何ができる？

文科省からのメールがやっと届いたのは、九月一日夕刻だった。「今晩、ご足労いただくことは可能でしょうか。明日十四時に結果を発表する予定です」。すぐに飛んで行った。「おめでとうございます」とにこやかに差し出された採択通知書。でも、私の顔はこわばっていた。「セルロンには行けるのでしょうか？」

喜んで受け取るものと信じていた担当者は、たじろいだ顔で言葉を失った。

「セールロンダーネ山地調査を取材するのが目的で企画しました」

「それは……」、担当者は困惑した。「観測隊の問題でこちらとしては……」

「それなくして受け取れません」と、私もずいぶん強気に出た。「じゃあ取り消して、別の社に」と言われたら、絶対に困る。でもこの期《ご》に及んで、そんなことはできるわけないと踏んでいた。互いに釈然としないまま、「おめでとう」と言えない採択通知だった。

＊

セルロン行きの話は、それからもいっこうに進まなかった。輸送はどうか、居住用モジュールは使えるか……セルロン隊自体の課題が山積みで、私の同行話など二の次だった。出発は目前。取材も、装備も、すべてはセルロンに向かって進めている。防寒ジャケット、厚い手袋、アイゼン、ピッケル、ザイル、カラビナ……、夏の昭和基地では無用のレスキュー装備も。大きなダッフルバッグを前に「詰め込んでいいのかな」と手が止まる。

十一月四日、南極観測隊OB会主催の壮行会は午後六時に始まる。その一時間前、会場近くの会議室に七人が集まった。真っ白なテーブルをはさんで向き合ったのは、極地研・観測隊から四人、朝日新聞から三人。セルロン問題で最後の協議をすることになったのだ。

「セルロンに行けなければ、朝日新聞は南極へ行く意味を失います……」

私は丁寧に説明した。「昭和基地も、周辺の大陸沿岸も四十五次隊のときに取材しました。今回は南極記者会代表取材の記者たちがそこを取材するわけです。朝日は企画提案取材で採択され、彼らとは一線を画す、違う視点での取材を求められています。もし同じ所をまわって、同じ物を取材してとなれば、どうやって違う報道をすればよいのでしょう」

今さら言うまでもなく、先方もすべてわかっているに違いない。重たい口を開き、静かに話し始めた。

「セルロン取材に行けるとも、行けないとも決めません。今の時点でも、出発の時点でも。現場で、状況を確認したうえで判断します。そのときの隊長の決定には従ってください」

出発前の観測隊・極地研の最終決断だった。ぎりぎりでの両者の妥協点、こちらも「首の皮一枚」がつながった。行ける保証はない。でも、行ける希望はつながれた。

「これはお願いします」と本吉隊長は念押しした。「セルロンへ行く予定とか、事前にそういう類の報道は、いっさいしないでください」

＊

十一月二十四日午後五時半、一緒に南極へ行くテレビ朝日映像のディレクターの佐々木尚史さん、カメラマンの河野健之さんと成田空港に到着。カメラや三脚、衛星電話……山のような器材を降ろす。南極では、予備の予備、さらにそのまた予備が欠かせない。

隊員や家族も集まり始めている。その中に父の姿も。私をみつけてうれしそうな顔をして寄ってきた。「四カ月なんてすぐだから、来なくていいのに」。なんか照れくさい。

携帯電話にも「いってらっしゃい」のメールや電話が次々入る。「手術が終わった。成功したよ」と静岡の病院にいるヒロからも電話が入った。折しも今日は彼の父親の手術だった。

ヒロは私の息子、正確に言えば姉の一人息子だ。姉は離婚し、その後、車にはねられて亡くなった。彼は当時、十四歳。今は二十一歳の大学生だ。離れて暮らしていた父親から連絡があったのは十日ほど前だった。「腎臓ガンで、放っておけばあと三カ月らしい」。手術が終わるまで八時間、ヒロは病院で待ち続けた。「まあいい結果みたい」との声にホッとする。腎臓と尿管を摘出できて、ほかの臓器への転移は見られなかったようだ。「オレのために、まだ死んでもらっちゃ困るからって言ったんだ」。そばにいても何もできないけれど、南極へ行ってしまってはどうしようもない。そんな私の気持ちを見透かしたように、「心配しないで出かけて」とヒロから珍しく優しい言葉が返ってきた。

一昨日、私は岡山の新見へ日帰りした。叔父が入院したと従姉妹《いとこ》から電話があったのだ。「会っておいた方がいいかも」。ずいぶんやせてはいたが、思っていたよりは良かった。

私は無我夢中で「南極へ行きたい」と、それだけに邁進《まいしん》してきた。目標を成し遂げるために精一杯。障壁をなんとか乗り越えて出発の日を迎えた。でも、周りを見回せば、順調なことばかりではないことに気付く。やりたいことができるありがたさを改めて実感する。

もちろん、念願のセルロン行きの夢が果たせるかどうか、それはまだわからない。

出発の時刻が迫る。待合室を出てゲートへ。何度も観測隊の見送りに来て、「あっち側にいたい」と思ったことだろう。今、私は見送られる〝こちら側〟にいるのだ。手を振る中に四十五次隊の仲間の顔が見えた。あちらにいる方が自然な気もする。でも今は、新しい五十一次隊側にいるのだ。振り返り、振り返り……友の姿が最後まで見えた。

午後九時四十五分、間もなくオーストラリアのブリスベン行きの飛行機が飛び立つ。「本当に南極へ向かうのだろうか……」。不思議なほどに実感がわかない。

＊

本書は、二〇〇九年十一月二十九日から二〇一〇年三月十七日まで、南極から衛星電話で毎日送り、ａｕ携帯電話向け情報サービス「ＥＺニュースＥＸ」で連載した南極日記「ホワイトメール・アドベンチャー」をもとに書き下ろしたものである。

連載には書けなかった秘話や裏話を大幅に加筆し、再構成した。

写真は、自身が写っている一部を除いて著者が撮影した。デザインは朝日新聞社で作成し、記事に使用したものを掲載させていただいた。

第一章

いざ、南極海を行く

さらば街の灯り！　夏のオーストラリアを出発

「出航！」。ラッパの音が響き渡る。

夏の太陽がまぶしく照りつけるオーストラリアのフリーマントル港。観測船「しらせ」はゆっくり岸壁を離れていく。二〇〇九年十一月二十九日、出発だ。

「また南極へ行けるんだ！」。とうとう念願がかなって、感動もひとしお……と、なると思っていたのに、そんな実感はちっともわかない。

無理もないか。出発までのこの数日はパソコンとにらめっこ、通信の設定に奔走《ほんそう》していたので。「しらせ」が東京を出るときに積み込んでいた予備のパソコンにソフトを入れようとしたら、インターネットにつながないとできない。でも、しらせ船上では無理だ。皆は船に泊まっているのに、私はパソコン五台を抱えてホテルへ泊まり込んで、夜中まで悪戦苦闘。寝不足で頭も重い。町を離れる最後くらい、初夏の日差しを浴びながら、のんびり過ごせたらなぁと思っていたのに、直前までドタバタだ。あれっ？　デジャブのような……これって六年前と同じ？　「今度こそ余裕を持って」と思っていたのに、私はまるで進歩していないのか……。

南極への旅、今、実感するのは携帯電話やインターネットで、いつでもどこでもつながる社会と隔絶されてしまうこと。でもそんな不安は、飛び出してしまえば、あっという間にどうでもよくなってしまうのかも。甲板からみるみる小さくなっていく町を見つめていたら、そんな気もしてきた。

気温二十五度、天気予報では、低気圧が接近中だ。今夜には波の高さは六メートルになりそうだとか。さあ、気を引き締めて、いざ南極へ！

＊

たった一日で気温は一気に十度も下がった。

カーンカーンカーン、けたたましいサイレンの音が「しらせ」船内に響き渡る。ハッチを開け、機関室へとなだれ込む乗員たち、救命具を手に走る隊員たち。

「本艦は、あと二十分で浮力保持困難となる」と放送が入る！

ご心配なく、これは「総員離艦」訓練。機関室に穴が開いて浸水が止まらず、船が沈むので逃げなければいけない――という想定だ。本番さながらの緊迫感で全員が挑んだ。

大切なのは、「一、あわてるな　二、衣服を着用せよ　三、救命胴衣を着用せよ　四、早く艦から遠ざかれ　五、集団を作れ　六、無理な泳ぎはするな　七、水中爆発とサメに注意せよ」。「安全守則」として、壁にも貼ってある。放送に従って、それぞれ決められた救命艇に集まって、誰がいるか、いないかを確認する。

「海に飛び込む場合には鼻をつまんで、足から飛び込んで……」と、「しらせ」の冨田浩・気象長が説明する。

五十八人も乗れる救命艇が四つ、作業艇二つに救命ボートは八つ、今ここにいる約二百五十人が全員乗っても余裕はある。

「無理はせず、助けを待つことです」。点呼確認でずらりと並んだ隊員たちを前に冨田さんが言う。「でもここから一番近い所でも、もう六百キロは離れてしまいましたね。南極へ行ってしまったら、救助を待つといってもなかなか……」と苦笑する。

ええっ、そりゃ困る。そんな事態はあっちゃいけない！　でも、〇・一パーセント、〇・〇一パーセントの確率でも訓練をしておくことが大切だ。

＊

十二月一日、南緯四十度を越える。暴風圏突入だ。昨夜あたりから、げっそりした顔、食欲のない人も増えてきた。といっても、揺れが激しくなるのはこれからだ。

冷たい風が吹き付ける甲板で、海洋観測が始まった。海水温は、海面近くは十一度くらい、深さ千八百五十メートルあたりになると、二・五度という冷たさだ。

じょうごのような形の網を深さ百五十メートルまで下ろして、引き揚げてみると、小さな生物がうじゃうじゃ捕まった。オキアミはまだ二センチくらい。南極大陸の近くにいるナンキョクオキアミだと五センチくらいになるから、これはまだチビさんだ。

二センチほどのクラゲもいる。透明な体に青い縁取り、なかなかオシャレ。うじゃうじゃたくさんいるのはケンミジンコだ。「地球上で一番多い動物性プランクトンだよ。総重量にしても地球一だろうね」と、生物が専門の越冬隊長・工藤栄さん。湖でも川でも海でも、どこにでもいるとか。

おや、何かもぞもぞ動いている！「これ、おもしろい！」

カメラを向けてはしゃいでいると、「ヤムシって毛顎《もうがく》類だよ」と工藤さん。透明でひょろりとした体をもぞもぞ、くねくね、まるで踊っているみたい。

ふわりふわりとした揺れで気分が悪くなりかけていたのも、すっかり忘れてしまった。

＊

一夜明け、南緯四十五度を越えると、揺れはますますひどくなってきた。

白波がたつ海は、コバルトブルーに変わり、見るからに冷たそう。強風が吹き付ける甲板に出るときは、ジャケットと手袋が欠かせなくなった。

テレビ朝日の佐々木さんは乗って早々、船酔いでげっそりだ。カメラを抱えて走りまわっている河野さんは、「しっかりしろ！」なんて、喝を入れているくらい元気だが、佐々木さんには飲み薬もちっとも効かないようで、青ざめた顔をしかめている。

見かねた吉田二教ドクターが、「注射を打ってやるよ」と言うと、「勘弁してください。注射、嫌いなんですよ～」と半べそ顔になる。

「楽になるから」と言われて、しぶしぶ腕を差し出した。するとびっくり、数分後には「いやぁ気分いいです」とウソのように明るい表情を見せる。

「私が〝注射第一号〟ですか？」と佐々木さんが尋ねると、実は注射に救われた人がもう一人いた。県立奈良高の森田好博先生が第一号だった。

先生の部屋をのぞいてみると、「注射が速効で効きました」とさわやかな笑顔。昨日はちっとも顔を見なかったと思ったら、部屋でぐったり、朝から一食もとれなかったそうだ。でももう快調、昼食もちゃんと食べていた。

客船「あすか」の船医をしていた吉田ドクターの魔法の薬（？）の威力は絶大だ。

私は昨日気持ち悪くなりかけて、夕食も残したので、酔い止めの飲み薬は念のため、もらっておいた。「六年前は酔わなかったのに悔しいな」。妙な意地を張って、「薬は本当にダメなときに」と、まだ飲まずに目の前にある。

このお守りが効いているのか、今日は元気。でも、揺れはまだ序の口だ。

初氷山ぷかぷか、南極海がやってきた

とうとう南極にやってきた！　やっとその実感がわいた。初氷山が見えた！

南緯五十度五十四分、東経百十度六分。放送が入ったのは、十二月三日午前九時過ぎ、「どこどこ？」と曇り空の下、グレーの海を見渡す。気温は六度まで下がり、冷たい風がほおを刺す。「見えた！　結構近いね」と船内は大騒ぎだ。

「初めての隊員は、カメラ抱えてバタバタするんだよね」、なんて先輩面して言っていたのは誰だったか？……私だ！　皆に負けないくらい興奮してしまった。

そんな様子に「南極に帰ってきたって、実感するでしょ？」と微笑むのは、四十五次隊のときの船でも一緒だった「しらせ」運用士の鳳京賢二さんだ。「あぁ本当に南極だ。うれしいなぁ」、ビデオを回しながら私は思わずつぶやいていた。

それにしても早い。六年前には南緯六十度を越えてから見えたのに。潮に任せた〝流れもの〟、現れるのも気まぐれだ。南極へ近づくとともに、気持ちも日に日に高まってくる。

どすーん！　部屋の窓をたたきつける音にびっくり。波しぶきだ。

翌日には、暴風圏も一番揺れがひどくなるという南緯五十五度に到達。「いよいよ来たか」

と思ったら、意外に静か。未明にちょっと揺れたけれど、傾きはたった十二度だった。

そのころ私は、日本へ一時帰国する夢を見ていた。忘れ物をとって、早く帰らないと、列車に間に合わなくなる（なぜか列車！）。亡くなった母が出てきて何かを渡してくれるが、「いや、それじゃなくて」と捜し物が見つからない、道に迷う……右往左往していた。

いよいよ南極。忘れ物をとりにいったり、壊れた物を買い換えたりできなくなる、通信も日本のようにはいかず、人任せにもできない。そのプレッシャーが夢に出てきたのかな。

＊

ばっしゃーん！　すさまじい音とともに目の前が真っ白に。高さ二十メートル以上もある艦橋の窓に、大波がたたきつける。気温はマイナス〇・五度、十二月五日、南下を続けていた「しらせ」は南緯六十度に迫り、西へ舵をきると、ぐんぐんスピードをあげ始めた。毎秒二十メートルの西風を真正面に受け、大波を越えて行く。

「来るぞ、来るぞ！」「いやぁ〜すごい！」。皆、カメラを手に艦橋の窓ガラスにへばりつく。大波が来るたび、「カシャ、カシャ、カシャ」とシャッターの連写音が響く。ぐわんぐわんと、ブランコに乗っているように、前のめりになったり、のけぞったり、足を開いて必死にふんばりながら。

「吠《ほ》える四十度、狂う五十度、叫ぶ六十度」と言われる暴風圏。これまでは揺れが少なくて、拍子抜けだったが、今日の南極海は厳しさを、目の当たりにさせてくれる。といっても前後方向の傾きだと、十度もいかないくらいなのだ。でも、ジェットコースターの上で重力がかかるような、ふわっと浮くような、あの感覚。おまけに時々、「ずしずしっ、ぎしぎしっ」と、妙な横揺れまで入って、なかなか迫力がある。

南緯六十度の少し手前からは、西へ針路を変えた。南下していたときはぐんぐん冷えていくものだから、毎朝、外に出るたびにびくびくしていた。でも気温は変わらず、風も穏やかでホッとする。氷山はたまに、ぽつぽつ遠くに見えるくらいだ。ここらはもう南極大陸からつながる凍った海が迫り、大きな氷山も漂っている。人工衛星の画像やレーダーを見て、ぶつからないように航路を選んで、船を走らせている。

「南極入り」に観測隊名物の「コンクウイスキー」の配布があった。ニッカの鶴十七年、なんとアルコール度五十五・三パーセントの濃縮ウイスキーだ。極寒の地で仕事する観測隊員やしらせ乗員のために特別に用意されるもの。一人五百ミリリットルずつの配給だ。

「ペットボトルやプラスチック容器はダメですよ。アルコール度が高過ぎるので、とけちゃうかもしれませんから、ビンを持ってきてください」という。持ち込んだお酒をあわてて飲み干して、ビンを用意した隊員たちもいた。私も、野外で観測する隊員たちへ届けようといただいた。下戸なので、こんなに強いお酒を飲んだら火を吹いちゃいそう。においをかいだだけで、もうクラクラしてきた。

＊

窓の外は、白いもやに包まれたグレーの海。小さな綿のような雪が落ちるかと思えば、風に吹かれてふわりと舞い上がり、波間を遊んでいる。ザトウクジラがぐるんと背中を見せて、潮を吹きあげた。「しらせ」はゆらゆらと波を越えて西へ。なんだか眠い、頭がすっきりしない……仕事をするのがおっくうになる揺れが続く。

でも、そんなことも言っていられない。昭和基地到着まで、あと十日ほど。今日は全員で、野外観測チームの食料の仕分け作業だ。昭和基地に着いた途端、遠く離れて一カ月半から二カ月も、ずっと野外で過ごすチームもいる。通路にずらりと並んで、段ボールを手から手へ、お得意の〝バケツリレー〟で観測隊公室に食料を運び込む。たちまち山積みになると、今度は、「生物」「地学」「ドームふじ」——と、グループごとに振り分け。私も二十五キロの米袋を、「えいやっ！」と抱えて運ぶ。

「ラーメン四十五！　カレーは六種類で六十パック」「桃缶六つ、あれ一つ足りないよ」……。

気付けば三時間もたっていた。でも食料と段ボールはまだ山積み。「全然、終わらない」。頭はくらくら。くたびれたのか、船の揺れのせいなのか？　でも野外で食べるご飯って、なぜかとってもオイシイんだなぁ。そのために、あともうひとふんばり！

＊

「しらせ」では、時計の針が時々逆に回る。午前零時をほんの少しまわったところで、艦内にある時計の針はくっくっと一回転、一時間戻ってしまうのだ。

西へ走り、経線を越えていくので、日本との時差は少しずつ広がっていくわけだ。今日からマイナス三時間になった。

十二月八日、「本日、時刻帯変更に伴い二四〇〇Gを二三〇〇Fとする」という放送が夜、流れる。どうやっているのか知りたくて、真夜中にIC室という部屋で、ビデオを抱えて待っていると、航海科の大串賢さんがやってきた。「さあ押すよ」と、艦内の時計を一斉に調整できるスイッチを押す。長針がゆっくりと「反時計回り」に動き始める。その間、秒針は普通に動いて行き違う、普通はあり得ない不思議な光景だ。「この日に当直になると、一時間仕事が長くなっちゃうんですよね」と大串さんは苦笑いする。

「帰りは逆で、得しますね」。私は、針が一回りする様子を録画した。

昭和基地時間は、日本時間のマイナス六時間だ。千キロも内陸に入ったドームふじ基地や西へ約六百キロのセールロンダーネ山地へ遠征するチームもいるが、昭和基地と連絡を取り合うので、同じ時刻帯にしている。

翌九日にはまた時計の針が反時計回りに回って、時差はマイナス四時間になった。

冷たい風が吹く海の上には時折、「しらせ」と並んで、飛んでいるマダラフルマカモメたちを見かける。背中から羽にかけて広がる黒っぽいマダラ模様、この姿を見ると、「南極海へ来たんだなぁ」と、実感がわいてくる。

ナンキョクオキアミを狙っているのか、波をかぶりそうなくらい低く飛んでいる。八十〜九十センチにもなる翼を広げ、優雅に滑空する。「しらせの隣だと、風に乗れるから気持ちいいのかな」とつぶやいたら、隣にいた乗員に「船のそばだと、残飯にありつけると思ってるんじゃない」なんて色気ないことを言われた。さてどっちが本当か？

＊

船の生活が長くなると、運動不足になりがちだ。日本にいるときは毎日八キロ走っていたくらいだから、体を動かさないと、どうも調子が出ない。そんな私が楽しみにしているのは「艦上体育」だ。午後三〜五時ごろ、甲板に出て走ったり、キャッチボールしたりが許される。艦内にはランニングや筋力トレーニングのマシンを備えた部屋もあるが、狭いし、いつも混んでいる。寒くても、外で走るのはやっぱり気持ちがいい。

「艦上体育。ランニングは時計回り」と放送がかかると、ゴーサイン。ジャケットを着込み、靴ひもを締めて甲板に出る。今日は風も弱くて、揺れは穏やか。走り始めたところで、にぎやかな笑い声が聞こえてきた。誰が持ち出したのか、縄跳びだ。

「一、二、三……」。順番に跳んで、一人増え、また一人。「おもしろい」と撮影していたテレビ朝日の二人、そして私もカメラを置いて仲間入り。しまいに工藤・越冬隊長に勝田豊・副隊長まで、どんどん人が増えていく。

「七十……八十……」となってくると、ひっかからないようにと、皆ドキドキ。

「……九十五！」。あと一歩というところで、誰かがひっかかると一斉に「あーあ」。

「百、跳べないと、晩飯食えないぞ」と声が飛ぶ。

そして遂に、「百！」。その瞬間、「おおっ～」「やった！」と万歳して大喜び。たかが縄跳びなのに、南極に来ると、なぜか子どものように無邪気にはしゃいでしまう。こんなノリの良さも観測隊ならではだ。

食べ過ぎちゃう人気の「しらせカレー」

気温零度、雪が舞う。「氷海航行用意！」。十二月十一日午後五時、放送が入った。

「えっもう？　そんな！」。シャワーからあがり、脱衣場にいた私は大あわて。髪はびしゃびしゃだ。「まずい！」。あわてて服を着込むと、部屋に駆け込み、カメラとビデオをつかんで艦橋へ走る。皆もカメラを手に艦橋や甲板へと飛び出したが……「氷ないね」。

ぷかぷかと氷の塊がわっと広がったと思ったら、流れ過ぎたところ。氷海はまだだった。南緯六十度を西走し続け、日本との時差はマイナス五時間。もうすぐ南下するポイントに着きそうだ。明日にはいよいよかな。

今日でもう、「三カレー」になった。「しらせ」では金曜日の昼食はカレー。フリーマントル港で乗り込んでから、三回目の金曜日を迎えたということだ。早いような、長いような……。船で生活していると、会社やお店の営業日だとか、週末だとか関係なくなってしまうので、曜日を思い出すためという伝統だ。「しらせ」は海上自衛隊が運航する砕氷艦なので、「海軍カレー」の流れを受け継いでいる。

厨房をのぞくと、直径一メートルくらいもある大きな釜から、いい匂い。昨夜から煮込んでいる牛すじのスープから湯気があがる。調理隊員が大きなボウルを傾けて、どぼどぼっと豪快に、オレンジ色のものを投入した。「えっ、今の何?」

補給科の小山洋介さんは「柿です。余った果物を隠し味にしているんです。こっちはバナナ」。冷凍バナナと牛乳をミキサーに入れて、ガガガッと混ぜる。「リンゴやパイナップル、マンゴー、パパイヤ、トマトなんかも合いますよ。足りなければジャムを使うってのもね」。甘さと酸味の合わせ技!「チーズやバター、生クリーム、乳製品でコクを出します。すり下ろしタマネギとか赤ワインなんてのも……」

いろんな物のいいところが、ぎゅっと詰まった「しらせカレー」。こんな話を聞いたあとのランチはやっぱり……食べ過ぎてしまった。

氷海と闘う「しらせ」

「しらせ」は舵をきって進路を南へ。翌十二日、昭和基地と同じ時刻帯、日本との時差はマイナス六時間になった。いよいよ氷海突入だ。

マイナス〇・五度、雪が舞う。グレーの海の上を真っ白な板状の氷が次から次へ流れていく。厚い上着と帽子を着込んで、甲板でカメラを構える。

「すかーっと、青空が見えてくれたらいいのにねぇ」

空は白くかすみ、白い氷が映えないのが残念だ。

そんなとき、「あっ、アザラシ!」。望遠レンズを向けると、黒っぽく横たわる姿はウェッデルアザラシだ。

「あれ! ペンギンじゃない?」。なんとコウテイペンギン、アデリーペンギンもいる! 遠いので、撮った画面を拡大して見て、やっとわかった。

「ユキドリもいるよ。あの真っ白の」

懐かしい南極の顔ぶれが勢ぞろい。こんなにいっぺんに会えるなんて！

頭の上をかすめて飛ぶナンキョクフルマカモメを、望遠レンズで必死に追いかける。体をねじって、そって……こりゃいい運動になりそうだ。

体が冷えると、艦橋に逃げ込んで暖まる。窓ガラス越しにシャッターチャンスを狙っている隊員の中には、ちょっとくたびれた顔も見える。「氷海突入の瞬間、張ってた？」

「もちろん！　午前二時からね」

いや恐れ入りました！　私は目覚ましを止めて、「二度寝」しちゃったというのに。南極の一コマ一コマを逃すまいという意気込みが半端じゃない。そんな隊員たちに「負けちゃいられない」と思いながら、私は出遅れてしまうこともしばしばだ。

仕事でカメラ片手に艦内を走り回っているのは、私たち報道以外にもいる。しらせ写真長の生方正さんだ。「しらせ」の全記録を写真に収めるのが仕事で、動画も撮っている。腕がいいので「良きライバル」と呼ぶのは失礼か。でも「コウテイ撮れました？」「ねぇ、このアザラシのアップ見てくださいよ」「あっこれいいですね」と撮った写真を見せ合っては、うらやましがったり、悔しがったり。「氷海を割って進むしらせを空撮したいですよね。いいタイミングでヘリが飛んでくれたら」なんて勝手に作戦を練ることもある。

＊

海は白い氷に覆われ、すっかり「南極の風景」になってきた。揺れは少なくなった。その代わり、ゴロゴロと割れた大きな氷塊が船体をこすっていく重たい音と振動が、船室にまで響いてくる。

雪のように白いユキドリも増えた。振り返れば、まずはマダラフルマカモメ、次にナンキョクフルマカモメが多くなって、今はユキドリ。昭和基地や大陸沿岸に着いたら、ナンキョクオオトウゾクカモメが現れるだろう。エサや生活の場所によって、登場シーンが変わってくる。フルマカモメたちはオキアミを食べるが、ナンキョクフルマカモメは「クラゲも食べる」と図鑑に書いてあった。海に飛び込んだり、潜ったりもできるという。

かわいくないのは、ナンキョクオオトウゾクカモメだ。薄汚れたみたいな色をしたでかいカモメという姿だけでなく、ペンギンのヒナやかわいいユキドリも狙う。ときにはカラスみたいに、人の頭をこづいてくるのもいる。

こんなに寒い南極でたくましく生きているのだから、人間が優劣つけちゃいけない。とは思いつつ、やっぱりペンギンはかわいいし、アザラシは表情豊かで楽しいなぁ。

＊

十二月十四日。一九一一年のこの日は、ノルウェーのアムンゼンが南極点に世界初到達した日。それを祝すかのように、今日はすかっと青空が見えている。風に当たらない所はぽかぽか、お日様のぬくもりを感じるほど。アザラシやペンギンたちも氷海の上に次々姿を見せる。

ところが……ずずずっと、低い音と揺れとともに、「しらせ」が止まった。厚い氷に阻まれてしまったのだ。

「散水！」と艦橋で声があがる。新「しらせ」で初めてついた装置の初仕事だ。海水をくみあげ、前方の下の方から水を出し、氷との摩擦を減らして、氷を割る力を高める。

艦首から身を乗り出して下をのぞき込むと、前方についた穴から水がじゃーじゃー噴き出してきた。雪が氷の上をなめるように流されていく。試しに使っただけで、まだ本格的な厚い氷ではないので、砕氷能力アップにつながるかどうかわかるのは、これからだ。

午後三時半ごろ、「しらせ」は再び、ぐぐぐっと止まってしまった。

一度二百メートルほどバックして「前進！」、勢いをつけて氷にぶつかっていく。艦首が氷の上にずずずっとのりあがると、巨大な船体がゆっくり大きく右へ左へと揺すられる。「ラミング」だ。こうやって氷を割って進み続けることもあれば、行って帰ってで、ちっとも前に進めないことも。大きな砕氷艦と氷海との真剣勝負だ。

低くなった太陽は氷海を茜色《あかね》に照らす。夜になっても沈まず、白夜が始まった。

ギョギョッとぉー、さかなクン登場

さかなクンからメールが届いた。彼のキャラクターそのまんまの文体、びっくりマークに絵文字が飛び交う便りが南極までやってきた。

「中山さぁ〜ん！　ギョギョッとぉーさかなクンです！！！　素晴らしいギョしらせを、大漁に、誠に、ありがとうギョざいます！！　日々たくさんのドラマがあるのですね☆　ワクワク読ませていただいています♪　ザトウクジラにあえたんでギョッざいますね〜！！　感動ですねー♪　さかなクンも、小笠原の海で一昨年にザトウクジラの親子に出会いました。好奇心いっぱいの子クジラが船に、ものすっギョく寄ってきてくれて感動しました！！　ザトウクジラは、南極近海まで旅をするとは、大きさも暮らしも壮大でギョざいますね♪

ヤムシ⁉　ギョギョッとビックリしたので、百科辞典で調べてみました。大型の動物プランクトンで世界中の海洋にいて、細長い体と運動が矢をおもわせるため『矢虫』と名付けられたそうです。透き通った体なので『ガラスムシ』とも呼ばれるそうです。重要な動物プランクトンで量的に多く、プランクトンネットで採集される動物プランクトンの約十パーセントもとれるそうでギョざいます！！！　体長七ミリ以下のフトエリヤムシから、体長六十ミリのオオヤムシまでいるみたいです。仲間は世界に一属六十二種。日本産は二十二種が知られているそうです。典型的な肉食性動物で、原生動物やカイアシ類、オキアミ類、端脚類、甲殻類の幼生のほか、なんと！　イワシ類やタイ類の幼魚やイカ類の幼体。また共食いもするそうでギョざいます！！　ヤムシたち☆　今度じっくり観察してみたくなりました。

これからも、南極のプランクトンやお魚のギョ紹介、中山さんの貴重な素晴らしいギョ体験のお話とお写真をよろしくお願いいたします！！　ますます寒くなると存じます。温かくして十分にギョ自愛ください！！　ホワイトメールを楽しみにしています。さかなクン」

＊

「また南極へ行くんだけれど、応援メッセージを送ってもらえるかな？」

出発前にさかなクンに相談してみた。毎日南極から送る「ホワイトメール」、四十五次隊のときの続編となる今回は、前とは違う趣向を狙った。そのひとつが、さかなクンの登場だ。

二〇〇三年十二月に始まった前回の「ホワイトメール」、このときは朝日新聞のサイト「アサヒ・コム」での連載だった。「これって記事なの？」「新聞記者なのに、自分の日記みたいなものを公の場に書くなんて変じゃない？」。そんな冷ややかな目が、実は社内にもあった。そもそも「ブログ」なんて言葉がまだ聞かれない時代だ。記者といえば、客観的かつ冷静な視点で、世の中で起きていることを伝える――それが常識だ。「喜怒哀楽たっぷりに私ゴトを書くなんて邪道だ」と、眉をひそめる先輩方も少なくなかった。

でも若い担当者には先見の明があったわけだ！……と、私も今は、ほくそえんでる。読者の反応も悪くなかった。サイトに「応援メッセージ」欄を設けると、隊員の家族や友人、海外の読者からも書き込みがあった。南極で暮らす私も本当に励まされた。

今回の「ホワイトメール」はａｕ携帯に配信するニュースサービス「ＥＺニュースＥＸ」。サイトの画面にいろいろ工夫はできるが、メッセージを書き込める欄は作れない。読者の声も聞こえず、一方通行じゃ寂しい。そこで浮かんだ助っ人がさかなクンだった。

なぜ、彼かといえば、私のメル友だから。初めて会ったのは二〇〇五年春、ラジオの生放送イベントに出演したときだ。南極で一年四カ月、越冬して帰国したばかりの私は、流行にもすっかり疎《うと》くなった「浦島太郎」だった。「さかなクン？　それ、いったい誰？」。正直なところ、共演者の名前を聞いてもわからなかった。

「初めまして！」と頭のてっぺんから飛び出す甲高い声に、最初はちょっとひいた。でも、「やたら魚に詳しい人」との噂に違《たが》わず、いやそれ以上に、知識は半端じゃなかった。ステージで司会者が言葉に詰まったときも、機転を利かせたのはさかなクンだ。何より驚いたのは、誰よりも礼儀正しく、心優しいこと。「よろしくお願いします」「ありがとうございました」と出演者やスタッフに頭を下げてまわっている。終わって帰ろうとすると、「あっ、ちょっと待ってていください」と言って、画用紙に向かってマジックを走らせている。何をしているのかと待っていると、「ありがとうございました！」と魚と私のイラストを描いて渡してくれた。そんな心遣いは、どんな人に対しても、子どもがサインをねだるときでも、ちっとも変わらない。付き人の方が「早く行かなくては」とじりじりしているのに、丁寧にイラストまで描いて、手渡す。子どもたちに大人気なのは、やっぱりうなずける。

世間で「温暖化」が話題になると、イベントや講演での共演の機会も増えた。地球環境を語るとき、南極、海、そして魚は格好のテーマとなる、さかなクンの第一印象は変わらないどころか、人並みはずれた知識と記憶力、そして人の良さがますます見えてきた。

「さかなクンって、普段もあんな感じ？」とよく知人に聞かれる。そのたびに言う。「あのまんま。テレビで見るテンションより、さすがに低いけれど、誰にでも、子どもに対しても丁寧で、決して人にイヤな顔を見せない。悪いことを言わない人。大人になっても、あんなにピュアなまんまの人ってそういないよね。〝特別天然記念物〟かな」

「南極へようこそ！」、ペンギンたちのお出迎え

「ごっごっごっ……どどどっ、がたがた……」。雷が鳴り、地震が起きているような揺れが来

る。厚さ一メートルを超える氷を割りながら、「しらせ」は昭和基地へ近づこうとがんばっている。

「ぐおーん」。重い音とともに止まった。十二月十五日午前十一時三分、昭和基地沖から張り出す「定着氷」の縁に着いた。氷海を覆う真っ白な雪の照り返しは、サングラスなしではいられないまぶしさだ。巨大なテーブル氷山が前方に、どっしりそびえている。

「とうとう来たね」「いやぁ南極だぁ」

青い空の下、あっちでもこっちでも記念撮影だ。

基地まではあと八十キロくらいあるが、ここからヘリコプターで、急ぎの人や荷物を運ぶ。甲板では早速、ヘリコプターの回転翼・ブレードをつける作業が始まった。

「あっペンギン!」「えっ、どこ?」。アデリーペンギンたちがこっちへやってくる。

「このでかい物はなんだ?」とでも言っているような様子で、「しらせ」のすぐそばまでやってきて、見上げている。数十羽の群れの中に、大きいのが一羽、体長百二十〜百三十センチもあるコウテイペンギンも交じっている。

「すごい、ラッキー!」。コウテイペンギンは営巣地が昭和基地からはるか遠くに離れているため、見るチャンスはめったにない。四十五次隊で越冬していたとき、間近で見られたのは一回だけ。一度も見られなかったという越冬隊員もいたくらいだ。短い脚でぱたぱた歩きまわるアデリーに比べて、動きもゆったり、さすが「皇帝」の威厳だ。

アデリーペンギンたちはよちよち行進していたかと思えば、また別の群れが現れ、海に飛び込み、弾丸が走るような泳ぎを見せる。水の中ならイルカのようなすばしっこさだ。「あの子は何か気に障ったのかな？」。隣のペンギンをフリッパー（羽）でびしびしたたいている。「あっ！」。小さな氷の割れ目に落っこっちゃった。「おい、大丈夫か？」と言わんばかりに、仲間が寄ってきて上からのぞき込んでいる。短い脚でジャンプして四苦八苦、ようやくもぞもぞはいあがってきた。

鳥の顔の表情なんてうかがえないものだが、アデリーペンギンたちを見ていると、楽しい会話が聞こえてきそうだ。いくら見ていても飽きない。気付けば、私は甲板でカメラを構え、三時間近くもペンギンの姿を追いかけ、撮影していた。

＊

ペンギンもあたふた逃げ出す爆音をたてて、ヘリコプターは浮き上がる。あっという間に氷山を飛び越え、みるみる小さな点に、白い雲の中へ消えて行った。

十二月十七日、二機は試験飛行で、初めて南極の空を飛んだ。天候が良ければ、いよいよ明日、昭和基地への第一便が飛びそうだ。

二〜三日で昭和基地や野外観測地へ人や急ぎの荷物を送り届けると、「しらせ」は、クラウン湾へ向けて出発する。セールロンダーネ山地への調査隊を届けて、再び昭和基地近くに戻ってくるのが正月ごろになりそうだ。船内もあわただしくなってきた。

五十一次隊は人数がこれまでになく多いだけではなく、いくつもの調査隊があり、動きが複雑だ。昭和基地や「しらせ」にいる人のほか、雪氷や天文の研究者らは千キロ離れた内陸のドームふじ基地へ向かい、生物隊員らは大陸沿岸の野外観測地を点々とする、そして五百〜七百キロ離れたセールロンダーネ山地へ向かう調査隊もいる。

夜のミーティングで本吉隊長は、「六十九人がそろうのも、今夜が最後になります。これからも病気もなく、けがもなく、過ごせるように」と話した。

ずっと一緒にいた仲間がばらばらに飛び出す。楽しみな気持ちも、ちょっぴり寂しい気分も。そして「本当にセルロンへ行けるのか」という大きな不安も……。隊員全員の動きが予定表になって大きな紙で貼り出されている。私のところは一応、二月まで「セルロン」と黄色に色分けされてはいる。なんだか、いろんな気持ちが入り交じる夜だ。

そんな気分を吹き飛ばすように、さかなクンから元気なメールが届いた。

「こんにちは！　さかなクンです。

日本も寒くなってまいりましたが、南極に比べましたら、まだまだ暖かいのでギョざいますねぇ〜。さかなクンの地元・千葉県館山市では、外気温があまりに低いとき、海水温の暖かさによって海面全体がお風呂の湯気のようにもくもくモヤが立ちます。初めて見たときは、夢か幻かと思いました！　船酔いは大丈夫でしょうか？　『十日も船に乗っていると船酔いしなくなるってぇ～もんだ！』と、マグロ遠洋漁船に乗っていらした方に聞きました。さかなクンも〝船の上で十日間釣ったお魚だけ食べる生活〟に挑戦させていただいたとき船酔いしましたが、お魚が釣れるたび、感動して船酔いが吹っ飛びました。

マダラフルマカモメ、とっても渋めなカッコいいカモメさんでギョざいますね。見てみたいです。どんどん南極のワクワク感が広がり、うれしいです☆　これからも素晴らしいギョッ報告を楽しみにしています！」

思い出よみがえる昭和基地の一日

切り口の美しいレアチーズケーキに、ちょっと崩れたマシュマロもあり。純白の氷の海に浮かぶ氷山は表情豊かだ。うっすら青く光る氷が美しい模様を描いていく――。そんな氷海を飛び越えて、ヘリコプターは昭和基地を目指す。

隣にいた本吉隊長が、「スカルブスネスが見えるよ」と指さした。見覚えのある黒っぽい岩のシルエット。昭和基地に近い南極大陸の沿岸だ。「本当に帰ってきたんだ」。ファインダー越しではなく、自分の目で見たくて、思わずカメラを下げた。

そして遠くに、雪の中からごつごつした岩場がのぞく……東オングル島、昭和基地だ！　ぐんぐん近づき、丸い屋根の管理棟、銀色の居住棟、黄色の通路棟、赤い雪上車……懐かしい風景が一気に眼下に飛び込んできた。

でも、ちょっと違う。初めてこの地を踏んだ六年前は雪が少ない年で、岩場はむきだし。「本当に南極？　火星みたいな所に着いちゃった」というのが、正直な第一印象だった。

今はまだ白く雪をかぶった所が多く、今度の方が「南極へ来た」って実感がわいてくる。

ヘリの強風に吹き飛ばされそうになりながら、両足を開いて踏ん張り、手を振り、見上げる隊員たちがいる。門倉昭・越冬隊長ら二十八人の五十次越冬隊員、そして私たちよりも早く航空機を乗り継いで先に入った五十一次先遣隊の五人だ。すっかり日に焼けて、一カ月だけ「南極の先輩」の貫禄がのぞいていた。十一月中、昭和基地の真ん前の海氷上に飛行機が降りて、昭和基地に入ることなんて、かつてないことだった。

見渡す基地はほとんど変わりばえせず、どこを見ても四十五次越冬のときの思い出が一気によみがえってくる。「あの窓は私の部屋だ」「ここに〝朝日新聞南極支局〟って看板立てたなぁ」……。その光景に当時の仲間の顔が重なって、懐かしさがぐっと込み上げてくる、たまらない気持ちに押された。

ヘリコプターが往復し、新鮮な食料、荷物が次々入ってくる。「野菜だ！　果物もあるよ」「早く、千切りキャベツが食べたいな」と越冬隊員たちの顔がほころぶ。五十一次隊員たちも順番に到着し、昭和基地は急ににぎわいを増す。

「もっと長くいたいのに……」。夕刻、私は後ろ髪をひかれながら、「また会おうね！　元気で」と五十一次隊の仲間に手を振って、最終便のヘリコプターで「しらせ」へ戻った。

「なんで？」って……その続きはまたこれから……。

＊

と、十二月十八日の「ホワイトメール」はこんな風に終わっている。なんとも思わせぶりな書き方だ。でも、今はこうとしか書きようがない。セルロンへ行けるのか、行けないのか、まだ微妙な立場だ。行ける準備で構えてはいる。シュラフにアイゼン、ピッケル、ザイル……装備がぱんぱんに詰まった大きなダッフルバッグが部屋の隅にある。フリーズドライの食料は大きな段ボールに三箱、積み上げている。長期の野外生活、すべてそろえていなければ、「はい、明日からね」と急に行けるわけもない。でも「これから行きます、なんて、記事やホワイトメールには絶対に書かないように」と極地研と観測隊から、きつく言われている。いまだに、確約も本当にないのだから、書きようもない。「先にセルロンに入った土屋範芳隊長に、現場の状況を確認したうえで、最終判断する」という。

南極に来て、この期に及んで、こんなことって例外中の例外だろう。もどかしい。

＊

翌朝、ドームふじ基地へ向かう五人がヘリコプターに乗り込んだ。リーダーは四十五次隊で一緒だった本山秀明さん。「昭和基地にまた足をつけられないよ」、いきなり大陸上の出発点S16に降ろされるのを残念がる。夏隊は六回目、越冬も三回、「南極に住んだ方がいいんじゃない」と言われている極地研の雪氷研究者だ。

標高三千八百十メートルのドームふじでは、過去の気候変動を探ろうと夏期間、四カ年かけて氷を掘った。二〇〇七年一月に深さ三千三十五メートル、七十数万年前の氷まで到達した。今回は、現地に置いたままの氷を日本へ持ち帰るために往復する。

ドームふじは、なんと最低気温マイナス七十九・七度を記録した地だ。平均気温でもマイナス五十四度、一年中冷凍庫より寒いわけだ。周り千キロ四方は建物もなければ、虫一匹もいない。生きものといえば自分たちだけ。しかも高所で空気の薄さは平地の三分の二。人間が暮らす所としては、世界一過酷ではないだろうか。そんな究極の孤立環境で、私たちは六年前、二カ月半も暮らした。「もう一度、行ってみたいな」とも思う。でも片道千キロ、一カ月という雪上車の長旅を思い出すと、やっぱりしんどいかな。ドラえもんの「どこでもドア」があったらいいが！

南極大陸をすっぽり覆う巨大な氷床を岩盤まで掘る大プロジェクトの拠点・ドームふじでは今、別の新たな計画も動き出している。大氷原に天文台を造ろうというのだ。

「地上最高の場所なんですよ」と筑波大数理物質科学研究科の中井直正教授は言う。なんでまた南極の内陸に？　突拍子もない思いつきでは？　「非現実的って言われ続けました」と筑波大に取材に行ったとき、中井教授は笑っていた。「空気は冷たいと、その中に含まれる水蒸気がわずかになってしまうんです。極寒のドームふじは、からからに乾いているわけです。この乾燥と酸素の少なさが銀河の観測には最適なんですよ」

望遠鏡で狙うのは宇宙から届く電波や赤外線で、水蒸気や酸素に吸収されやすいからだ。南米チリの標高五千メートルに望遠鏡を建てた場所より条件は良いらしい。というわけで、研究室から若手の講師・瀬田益道さんが五十一次隊に送り込まれた。ドームふじまで旅して、大気の電波透過率、雲や水蒸気の量もはかってこようというわけだ。

でも将来、電波望遠鏡を造るとなれば、それはまた大変だろう。わずかのゆがみも許さない精密機器だ。氷のガタガタ道を千キロ、「どうやって運んで、どうやって建てるんですか？」と聞くと、中井教授は「チリの高所だって『あんな所に誰が行く』って言われました。最初は誰でも反対する。一歩を踏み出す力はやる気と楽観主義ですね」と笑った。

ドームふじ氷床掘削だって最初はそうだった。南極の基地では最も標高の高い所へ造るという計画に「そんな空気の薄い所で人間が暮らせるのか？」と疑問や反対の声もあがった。一九五六年、南極観測の始まりもそうだ。初代越冬隊長・西堀栄三郎さんがよく口にした言葉は「やってみなはれ」だ。百年前、日本人初の南極探検家・白瀬矗《のぶ》中尉が二〇四トンの開南丸で出発するときも「こんな小さな船で南極へ着けるのか？」と言われたものだ。

慎重な計画も大切。でも、未知のものに思い切って一歩踏み出す勇気がなければ何事も始まらないのだ。南極大陸の真ん中から宇宙を見上げる壮大な夢、なかなかおもしろそうだ。ドームメンバーを乗せたヘリコプターは、あっという間に氷海の彼方へ消えていった。

「発着艦準備！」。しらせ艦内にひっきりなしに放送がかかり、ヘリコプターは昭和基地を往復し、荷物を運ぶ。二台はＣＨ－１０１、新「しらせ」と一緒に今年、南極デビューだ。

時速二百四十キロ、航続距離は八百五十キロ、貨物搭載量は四トン。立っても天井に頭がぶつからない大きさにはびっくりだ。それだけに、離着陸時に吹き下ろす風のすさまじさも半端じゃない。カメラを向けてみるが、吹き飛ばされそうになって失敗。「なんとか格好いいシーンを今度こそ」としゃがんで構えた。飛び立つ寸前までがんばったが、やっぱり風に負けて、どてっと尻もち！「何やってるの」、見ていた乗員が思わず噴き出した。

セルロン目指し、「しらせ」出発

「しらせ」は十二月二十日午後〇時四十五分、再び走り出した。

昭和基地沖から張り出している「定着氷」に頭を突っ込んで止まっていたが、少しバックして離れて、西へ舵をきる。穏やかな海面が現れたと思ったら、流氷群に取り囲まれて、がたがた揺れたり、少し傾いたり。「そういえば船に乗っていたんだ」なんて思い出した。

「右舷《うげん》三十度にクジラ」という放送で外に飛び出すと、黒い大きなヒレが水面をぴしゃり、シュッと潮を吹き上げる。氷に覆われた海にもいるんだ。

「クジラには騒音なのかなぁ」と、マルチナロービームで海底の地形を調べている泉紀明さん。音波を扇形に発射させて、海底からはね返ってくる時間を計り、海底の地形を調べる音響測深装置だ。たくさんの船が世界中の海底を調べているとはいえ、南極の厚い氷の海を割って入って、調べられる船は限られる。

「でも近くに来たってことは、嫌いな音じゃないのかも」と、一年のうち三分の一は船に乗り、三分の一は出張している太田晴美さん。海洋調査していると、クジラが寄ってくることもあるそうだ。

午前中止まっていたあたりは水深三百メートル、昭和基地のある島と大陸のわずか五キロほどの海峡は五百〜六百メートル、夕刻走った所はもう千八百メートルとのこと！「このあたりの水深って、ずいぶんめまぐるしく変わるんだね」と驚くと、「氷河が削った跡が海底にあるのかも」と太田さん。交代で二十四時間態勢でモニターをにらむ毎日、「大変だろうな」と思っていたが、南極ならではの海の秘密がのぞけると、楽しいのかもしれない。

＊

島ほどの巨大氷山をよけ、大小の流氷をかきわけ、「しらせ」は西へ走り続けている。「そろそろクラウン湾に着くかなぁ」。船の生活も四週目に入って、そろそろ陸の暮らしをしたいころ。でも私の部屋は快適。実は私だけちょっと豪華な「来賓室」なのだ。

隊員室は二人部屋、女性隊員が奇数だったので一人半端になってしまっただけとか。観測隊で乗船したのは男性六十人、女性九人。その内訳は、越冬隊二人と夏隊三人、私を含めて夏隊同行者の四人だ。「初めての人は一人だと不安でしょ」と部屋割りをした庶務の熊谷宏靖さん、他意はなそうだが……。

部屋には「しらせ」らしい特徴がたくさん。今回は揺れなかったが、前の「しらせ」では暴風圏でなんと五十三度も傾いたことがあった。そこまでいくと、壁でも床でもどっちでもいいくらいだ。物は固定しておかないと、ひっくり返り、部屋中を転げまわったりして大変。そういえば前回、部屋にいた越冬隊長が廊下まで吹っ飛んだこともあった！

ここでは磁石が活躍する。ゴミ箱は壁にぴたっと張りつくし、カーテンのすそにも磁石が入っていて、壁にくっつくようになっている。椅子は床から出ている留め具で固定し、棚や机の引き出しには内側にひっかかりがあり、飛び出さないようになっている。本棚は、手前につっかえ棒がついている。救命具と避難用呼吸器具は一人ずつに、ここまではほかの部屋と一緒だ。隊員部屋は二段ベッドだが、ここは一つ。トイレとシャワー付き。机やロッカーは木目調で、何より床がカーペットなのがうれしい。土足禁止にしたので、裸足でくつろげて快適だ。

「この部屋いいよね。冷蔵庫もあるし、机とソファも。床にも座れる」と、皆から目をつけられ……何にいいかって？　そう、宴会場になってしまったことも何度か。もしや、部屋割りにはそんな目論見があったのか⁉

＊

流氷に覆われた海は湖のように穏やかだ。海面は鏡のように氷の姿を映し出している。滑るように「しらせ」は走り、クラウン湾はもうすぐそこだ。

流氷の上にぽつんと立つコウテイペンギン、黒い背中を見せるクジラ、「しらせ」に驚いて、もぞもぞ逃げ出すアザラシ、上陸すると、しばらく動物たちともお別れだ。ユキドリをよく見かけるようになり、大陸が迫ってきたことを実感する。

セールロンダーネ山地へ向かう隕石隊が、船を下りる支度を始めた。必要なものは防寒着やレスキュー装備、そして食料も大量だ。甲板へ出す荷物をまとめていると、「マヨネーズはどうしましょうか」と海田博司さんが段ボール箱を抱えて、リーダーの小島秀康さんに聞いている。輸送時、外に置いて凍らせてはいけないからだ。

一度凍らせて、解凍したマヨネーズは分離してしまって、温めても、つぶしてみても、どうしようもない。四十五次隊のとき、ダイス状になった業務用の冷凍マヨネーズを初めて見てびっくりした。とかしても、やっぱり、ダマだらけで全然使えなかった。メーカーはいったいどうやって使えというつもりだったのだろう。

「こんにゃくも困りますよね。凍らせたらスポンジだもの」。おでんのパックを見て、私も思い出した。解凍したら水分が抜け、まるで硬いスポンジをかんでいるようで、食べられたものではなかった。副隊長の勝田さんは「食べられるのも、たまにあるぞ」と言う。冷凍・解凍の時間の問題か、味のつけ方、あるいは薄さか……どんな理由かわからないが、まともなコンニャクに戻ってくれるものもある。

卵や乳製品も凍らせるとダメ。南極では凍らせたくないために、冷蔵庫がほしくなる。

＊

クラウン湾に着いた！　目が覚めると、「しらせ」の両側に巨大な白い氷。ステージのように大陸から張り出した厚い氷は、切り取ったように滑らかな壁を見せて、立ちはだかる。

そして、はるか前方に黒いものが立っている。あれはペンギン？　でも横に何か岩のようなものもあるし……何か変だぞ。こっちに向かってくる。ライトが光った！　スノーモービルだ。南アフリカから航空機を使って十一月、セルロンに先に入り、地質や地形の調査を始めていた土屋さん、佐々木大輔さん、千葉政範さんが迎えにきてくれたのだ。

真っ白な大陸から人間が歩いてこちらにやってくる光景は、なんとも不思議なものだ。

「しらせ」は氷の岸につけ、クレーンで荷下ろししようかと考えていたのだが、どうも周りの氷が崩れやすそうなので予定変更。ヘリで空輸することになった。

着いてから船であともう一泊……なんて考えていたので、隕石隊は大あわてで身支度だ。ばたばたしていると、本吉隊長が部屋をのぞいて、「中山さん、いる？」。すっと差し出された手の中に、小さな赤い手ぬぐいの切れ端。「なおい」という厄よけのお守りだ。

本吉隊長が二〇〇二年夏、名古屋で講演したときに熱心に質問してきた少年・森優輝君とお母様が毎年送ってくださるもの。実は私の講演にもいらして、以来、応援いただいている。

中高生が南極や北極でやってほしい実験を提案するコンテストに毎年応募してくれる栗山透君からも、出発前、カードが届いた。

私たちは、「南極が大好きな人たちの思いも一緒に、この地に来させていただいているんだ」と実感する。厳しいけれど、そのつらさも吹き飛ぶくらい素晴らしい魅力を、伝えなくては――という思いを新たにした。

私、行ってもいいんですか？

十二月二十三日の「ホワイトメール」はここで終わる。いったい私はこれからどうする？隕石隊と一緒に下りる？　セルロンへ？　読めば読むほど、わからなくなってしまっている。書いている自分自身が一番じれったくなる。「決定」も「解禁」もまだなのだ。

本吉隊長に「なおい」を渡され、一瞬戸惑った。

「えっ？　あの……私、下りていいんですか？」。途切れた言葉のあとに、「この厄よけのお守りは、気を付けて行ってこい、という意味なんですよね？」と聞きたかった。

「そうだよ。早く支度しないと」

あぁやっと！　やっとセルロンへ行けるんだ！　これから氷の上での生活が始まる！　うれしくてたまらない。ドキドキ、緊張する。

実はもうひとつ、「ホワイトメール」には書けない大事件がこのあと、起きてしまった。

「なおい」をポーチに押し込め、「しらせ」から飛び立つヘリコプターに乗り込むと、あっという間に純白の氷の上に着いた。コンテナやテント、雪上車がぽつぽつと並んでいる。「NL0（ニュー・エル・ゼロ）」、ベルギー隊が陸揚げした物資を集積している場所だ。できたばかりのプリンセス・エリザベス基地まで、雪上車で引っ張って運んでいく。先にセルロン入りして待っていた土屋さんたちのテントやスノーモービルも並んでいる。

今回、ベルギー隊はベースキャンプ地まで荷物を運んでくれて、ベルギー人二人は隕石隊にも加わる。新しいメンバーとあいさつを交わすや、私たちの荷物の空輸も始まった。

「テントが飛ばないように、見ている人もいるな。そこで物資を見ててくれるか」と土屋さん。ベルギー人の若手研究者・スティーブン・ゴデリスさんと私はテントのそばで待機となった。ほかのメンバーは百メートルほど離れた所で、荷受けをする。今の間に撮影した写真をパソコンに取り込んでおくかと、私はちゃっかり自分の仕事を始めた。風が強く、雪煙が舞う。そうだ、目の前にあるテントを使わない手はない。パソコンと頭をテント入り口に突っ込んで、キーボードをたたいていると、「何か落ちたよ」と、スティーブンが私を呼ぶ。振り返ると、遠く離れた白い雪の上に、四角い箱が刺さっていた。

「何？　あれは……」

近づいてみるほど、どんどん大きくなっていく。「えっ、あれはもしかして……」

イヤな予感は的中した。組み立て式の小屋、モジュールが、空から落ちたのだ。ヘリコプターから吊るしていたワイヤーが切れて——。

「えっ、どうしたの？　何があったの？」

落ちたのは、モジュールの前室となる部分、四角い箱の壁一枚分がばっくり大きな口を開け、周りには残骸が飛び散っていた。かけつけた皆は呆然と、言葉を失っていた。

空から降ってきたモジュール

「墜落すると思いました。いやぁ本当に怖かった」

そのとき、ヘリに乗っていた乗員が話してくれた。

ヘリコプターからつり下げたモジュールが風にあおられ、ワイヤーの先でぐるぐる回り始めた。その振動に共鳴するようにヘリも激しく上下する。細く狭くなっている後部にいた乗員は腹ばいに倒れたまま、背中を天井に打ち、床に腹を打ち、そして天井に、床にと何度もたたきつけられた。

「ガタガタものすごい振動で、上下に激しく揺すぶられて、必死にしがみつくしかなかったですよ」

「まずい。このままでは墜落する」、操縦士は焦った。激しい振動の中、計器の数字すら読めない。「切り離すしかない」

氷の上は、ヘリのローターが吹き下ろす強風・ダウンウォッシュで雪煙があがっている。白くかすむ氷の上に人影が見えない所を探した。素早くヘリを後退させ、スリングを切り離すレバーに手を伸ばした。偶然、指の先が触れた。「ここだ」。レバーを力いっぱいひくと、箱は空から真っ逆さまに落ちていった。ヘリの振動はおさまった。

誰もけがしなかったのは、不幸中の幸いだった。スリングの失敗は、海上自衛隊にとっても、観測隊にとってもショックはあまりにも大きく、そして大問題だ。「きちんと報告するまでは、これは出さないで」と私も口止めされた。けが人がいなければ、「箱が壊れた」だけで、日本でニュースになる話でもない。記事を出さないからと言って、隠蔽に荷担したことになるわけでもない。記者としての私には事件ではないが、セルロン隊の私たちにとっては、この旅の先を左右する大変な事故だ。モジュールが使えなくなって、「予定変更、私が行けなくなるなんてことは……まさかないよね」とかすかな不安もよぎる。

「どう、直るかな?」

中村伸一さんと千葉さんが壊れたモジュールに潜り込んで、隅々をのぞき込んでいた。「ちょっと取ってくれる」。ぐちゃぐちゃになったオイル缶をつかんだ手が出てきた。「漏れてる。これはまだ使えなくもないか……」と割れたり、欠けたりした物が次から次へと。パイプ椅子も壊れている。

「しらせ」からヘリが飛んできて、「待ってました」とばかりに応急工作員たちが降りてきた。船が壊れたときにすばやく修理する役目を担う。指揮をとる機関士の建部勝さんは、「任せてください。直せますよ」と、頼もしい笑顔を見せた。「このあたり、曲がってるところが難しそうだけれどね、なんとかなります。なんとかします」

ばっくり開いた壁はベニヤ板でつぎはぎされた。断線した電気はちょっとおかしな配線になっていたが、それでも通電。二日間の突貫工事でなんとか使えそうな状態になった。

＊

棚氷《たなごおり》の上で目が覚めた翌朝、青空からまぶしい太陽が照りつけていた。マイナス五度。でもテントでシュラフにくるまっていると寒さも感じない。

ここNL0は、「しらせ」が泊まっている所から六キロほど、海へ向かうと、大きな割れ目が落ち込んで細長い三角形に広がっている。巨大な〝雪の回廊〟のように両側にそびえ立つ壁、これが「棚氷」だ。

ナイフで切ったような垂直の壁には、うっすら横の縞模様が入り、割れ目が見える所は太陽の光が差すと、水色に輝く。この棚氷は何年もほぼそのままの形をとどめているそうだ。高さはなんと四十メートルくらい！「でも下は海ってことですよね？」と聞くと、土屋さんは

「海の中は三百メートルくらいあるんじゃないかな」と！　何もかもスケールが大き過ぎて、ぴんとこない。

「しらせ」からヘリが行き来し、物資の輸送とそりや居住モジュールの組み立てが進む。私は、写真データの整理と充電のために一度また、「しらせ」に戻った。すると皆が、「昨日は、いいペンギンの写真撮れたでしょ？　甲板から見てたよ」と声をかけてくる。

実は昨夜、スノーモービルで「しらせ」を訪れた帰り、海氷上に降りたところで、アデリーペンギンがとことこ、シャッターチャンスとカメラを構えていたら、どんどん寄ってくる！　南極のペンギンは五メートル、アザラシは十五メートル以内に近寄ってはいけないことになっている。でも……近づいてくる！　私じゃない、ペンギンの方が！　「これは仕方ないんだ」と都合良く言い聞かせ、べたっと氷の上に座って撮影していた。するとペンギンはますます寄ってきて、カメラバッグをかじろうとし、私が撮っているカメラを、レンズの向こうからのぞき込む。顔がはみ出そうなくらい、信じられないどアップだ！

「あのペンギンもいるのかなぁ」。今、「しらせ」の目の前で三羽がすやすや寝ている。白い氷がキラキラ輝くクラウン湾、太陽は沈まない聖夜だ。

さかなクンからは、ちょっとびっくりするメールが届いた。

「クリスマスでギョッざいますね！！　南極のクリスマス、とっても綺麗でしょうね〜！！

素晴らしい方から応援メッセージでギョッざいます♪　どうぞ！！！

『お寒い中、南極取材お疲れ様です！　今年もあとすこしですが頑張ってくださいね。いい取材になりますように。自分もがんばります！　まきだい』

さかなクンのメル友のＥＸＩＬＥのＭＡＫＩＤＡＩさんからでした！　南極の大自然と皆様の日々の感動が織りなす素晴らしさに、冒険小説を読んでいるようなウキウキ感でいっぱいです！！　南極が大ーーー好きなお気持ちが、ギョギョッと……いや、ギュギュッと伝わって来て、ハッピーな気分になれます♪　南極のクリスマスはまさにホワイトクリスマスでギョッざいますね。これからも南極の夢いっぱいのお知らせをよろしくお願いいたします！！　南極の大自然に、感動いっぱいありがとうギョざいます！」

ピンチ！　最後の詰めで大失敗

今朝の私ときたら、本当に珍しく半べそ気味だった。私らしくもない。最後の最後で、一年越しの苦労も無にしかねない、最大のピンチに直面していた。

いよいよセルロンへ、その夢への第一歩となるはずのクリスマスの朝。「早ければ午前七時にはピックアップ」というので準備をしていたが、あたりは真っ白。スノーモービルで船までやってくるには、あまりよくない状況だ。霧が晴れるのを待つという。船を下りる時間がいつになるのか――。そわそわ、本吉隊長が衛星電話でNL0の土屋さんと連絡をとりあっているのを、背後で聞いていたら、何か不穏な空気が漂っていた。

「それは困る。今さら。決めたことだし、最終判断はこちらで……」

えっ、まさか？　もめているのは、私のこと?……。そばにいた隊員も察して、席をはずした方が良さそうという目線を私に送った。

「ここまでがんばってきて、最後の最後の瞬間に……」

部屋に戻った私は、ただおろおろするばかり。どうしよう、まさかセルロンへ行けないことには……、そんなことは、いやそんなはずはない。どうしよう、どうしよう……。

二回目の南極でどうしても取材したかったセルロン。地質・地形・隕石の三つのグループがスノーモービルや雪上車で移動し、テントや居住モジュールで生活する。これまで隕石探査に同行取材したメディアもない。なんとしても行きたいと思っていたが、今日までの道は本当に険しいものだった。

一瞬にしてテントも吹き飛ぶ強風、氷の割れ目・クレバス――そんな過酷な地での観測は、南極越冬経験者ですら簡単には受け入れてくれない。一年前からアピールし、訓練にも参加、それでも「オペレーションが問題なく進められる目処がたたない限りはダメ」と――行けるかどうか、最終決断は保留されていたのだ。

問題になったのは昨日の件だ。空撮のために乗り込んだヘリで、私は「しらせ」に一度舞い戻った。これから一カ月は衛星電話だけが頼り。無事に通じるのか、バッテリーは足りるのか、不安で仕方ない。これまで撮った写真のデータは一枚でも多く、日本に送れるうちに送っておきたい。そんな焦りがあった。

でも写真整理や送信は、やってもやっても終わらない。潔く切り上げて、さっさとNL0に戻れば良かった。なのに、「ベルギーの輸送船が来るけれど、どうする?」という隊長の言葉に心が揺れた。「表敬訪問もあるかもしれないよ」「じゃあ残ることにします」。取材した方がいいという気持ちはもちろんだが、充電も通信もできるこの便利な環境に、後ろ髪を引かれたのもある。

「昭和基地に戻る中村さんのピックアップは、明朝になりそうだから」

入れ替わりなので置いていかれるわけはないと、考えていた。悪いことに、本吉隊長とのそんなやりとりは、無線交信がうまくつながらず、土屋さんには伝わらないままだった。

一夜明けて今朝十時ごろ、白い霧が消え始め、中村さんを連れて土屋さんと隕石隊のリーダー小島さんと、佐々木さんが「しらせ」にやってきた。隊長室にこもり、何やら協議しているようだ。待たされている時間は、とてつもなく長く感じられた。

ようやく隊員の一人が呼びにきた。「大丈夫」と言われたが、私は涙目になりそうだった。隊長室に入った途端、土屋さんは大声をあげた。

「空撮して戻るという話じゃなかったのか！　どうしてそういう勝手な行動をとるんだ。これからもっと大変な所に行くのに、そんな勝手な行動をとる奴は連れていけない」

穏やかな土屋さんがこんなに怒る姿は、まるで想像もできなかった。いつもの気丈な私なら、言い訳のひとつくらい返しそうなものだが、子猫のように立ちすくむだけだった。

「私が判断した」と本吉隊長が弁護してくれたが、すかさず私は「隊長からの提案を受けて、取材した方がいい。残る方がいいと判断しました」と答えた。戻る選択肢もあったのに、自分で選んだのだ。あと一泊、一泊と――楽な生活への未練や甘えもあったはずだ。「本当に申し訳ありません。今後、勝手な行動をとることはいたしません」と深く頭を下げる。小島さんも「私も言ったんだ。そういうことでは困る」と。クリスマス・イブの夜、向こうでそんな話が問題になっていたのだ。

私が離れている間、昭和基地から応援で来た機械隊員の中村さんはそりや居住モジュールの組み立てなど、寝る間も惜しんで懸命に働いてくれていたのだ。もちろんほかのメンバーも必死だった。これから厳しい所に行くのに、チームワークがどれほど大切か、土屋さんも小島さんも、私にわかってほしかったのだ。ほかの取材現場とは違い、記者も一メンバーとしての役割を求められる南極取材。一番大切なことを忘れていたことに気付かされた。

本当は「万歳」して船を下りたかったのに、ほっとするとともに反省、恐縮、申し訳ない気持ちでいっぱいでの第一歩だった。

「しらせ」のクレーンに吊り下げられたゴンドラに乗り、氷の上にそっと下ろされる。氷の安定した場所までスノーモービルで走ると、セルロン隊のほかのメンバーたちが待ちかまえていた。振り返れば、湖のように穏やかな南極海。大きなオレンジ色の船体は滑るように、ゆっくり向きを変える。手を振る仲間が「しらせ」の甲板を走っている。

「がんばって！　また二月に昭和基地で会おうね！」。もう、その声は届かない距離だ。

私はこっそり心の中で「早くいなくなってしまえ！」と叫んでいた。

「引き返してきて、私を昭和基地に連れて帰るなんて、お願いだから言わないで。やっと……やっとセルロンへ行ける切符を手にしたんだから」

南極海に張り出したこの広大な棚氷の上が、旅の出発点だ。でも私にとっては、ここに立つまでも、長い長い道のりだった。ここまでの旅と、これから始まる旅——。安堵と戸惑い……いろんな思いがぐちゃぐちゃに交錯する。

恐縮する気持ちも。「しらせ」が見えなくなると、皆の方へ向き直り、深く頭を下げた。

「ご迷惑と心配をかけまして、申し訳ありませんでした。これからも、また迷惑をかけてしまうこともあるかもしれませんが、皆さんの足は引っ張らないよう、皆さんの仕事をきちんと報道できるよう精一杯がんばります。どうぞよろしくお願いします」

一年越しの思いがかなった第一日目、最初のあいさつは「ごめんなさい」だった。

最後のドタバタ劇を傍観していた佐々木さんが、にやにやしながら言う。

「これでやっとセルロン・メンバー入りですね。で、ぼくたちも受け入れるにあたって、条件をのんでいただこうと思うんですよ。従ってもらえますか?」

「えっ、何?」

彼は、有名なプロのエクストリームスキーヤーであり、北海道を主なフィールドとする山ガイド。その力量を買われて、セルロン隊に抜擢された。私たちの安全を確保し、水先案内人となるフィールド・アシスタントだが、いったい何を言い出すのやら……。

「約束してもらえたら、メンバーとして受け入れますよ」と、いたずら少年の顔つきだ。

「中山さんって、バブル世代ですよね?」

「バブル世代っていうか、学生だったけれど……」

「〝お立ち台〟ってどんなもんだったのか知らないんで一度見たいんですよ。セルロンでの調査が無事に終わって、最後にベルギー基地に着いたら、踊ってもらえませんか? 扇子もちゃんと用意してますから」

「えっ？　何？　私、そんなお立ち台なんて、やったことあるわけないじゃない」

「えーセルロン隊に入りたいんでしょ。やってもらわないとね」

あれだけ叱られていた姿を見られたあとでは、なんともバツが悪い。一本とられた。

「はい、やります」と、ここは答えるしかない。「でも、私はバブルなんか謳歌してないからね！　学生だったし、なんの恩恵もこうむってないしさ……」とぶつくさ続けても、聞いちゃいない。

「やったぁ、衣装作ろう！」と佐々木さんは無邪気にはしゃいでいた。

＊

セルロン隊は出発の準備で大忙しだ。食料、観測器材、防寒具やレスキューの装備……山のような荷物を仕分けしながら、そりに積み込んでいく。

「しらせ」に乗ってからも、こんなことやっていたなぁと、思い出す。冷蔵庫や貯蔵場所へ、上へ下へと皆でバケツリレーで運んだり、仕分けしたり、今度は野外での旅支度だ。

「あっまずい、『Cの行動食』はどこだっけ？」「『Aの朝夕食』は出てる？」

食料は食べる順番にうまくそりに積み込まないと、旅の途中で大変なことになる。

「ダメだこれじゃ、ここで積み直しておこう」

これから行く所は標高も上がり、寒さも風も数段厳しくなる。そんな所で、荷物をひっくり返して捜すなんてしたくないから。
「もど～せぇ～」。妙な節回しで出てきた言葉は、「しらせ」の艦橋で聞き慣れた、舵をきるときの言い回しだ。海上自衛隊の砕氷艦内で暮らすうち、「しらせ用語」がつい耳についてしまい、観測隊員たちも夏作業で使ってしまうことも。

荷物整理だけじゃない。調子の悪いスノーモービルの整備や居住モジュールの仕上げなど、やってもやっても仕事は終わらない。でも明日には出発を――ということで、皆、必死だ。
「卵炒飯できたので、夕食食べてからやりません？」と声をかけられたのが、もう午後十時半だった！　皆少し手を休めて、また仕事再開。輸送を支援してくれるベルギー隊に合わせて出発ということで焦っていたのだが、結局「もう明日は無理そうだね」とお開きに。

時計を見ればもう零時！　でも太陽は地平線の上だ。「こわいねぇ、白夜は」と岡田豊さん。明るいので、時間を忘れて、ついついオーバーワークになってしまうのが南極の夏だ。

＊

氷上生活三日目、真っ白な氷にギラギラの太陽が降り注ぎ、まぶしい。セルロン隊の出発を目前に、スノーモービルの練習をした。佐々木さんが指導する。プロスキーヤーであり、北海道を拠点に山ガイドとしても活躍しているので、南極は初めてでも、雪と氷の世界は慣れたものだ。私もスノーモービルは初めてではないので、「まあ大丈夫だろう」と思っていたら、そう簡単にはいかない。

「シートから腰をずらして、左に重心を」、急カーブや不整地は大丈夫。でも「あとをついてきて」と佐々木さんが急な坂を斜めに上がっていく。「えーひっくり返りそう」と冷や冷やしながら進んだら、「あぁーバランスが崩れる〜」と、どってん。スノーモービルは横倒し。

「スピード、出過ぎてたね」と言われて、今度はゆっくり行くと、やっぱり、どってん。

体格のいいスティーブンはなぜか余裕の表情。「何が違う?」。小柄な私はスノーモービルが傾き始めたとき、体勢を立て直すためにかける体重も足りなければ、ハンドルを持つ手の長さも足りないのだ。「ハンディは大きいな」と運転の腕ではなく、体格のせいにしたくなる。

でも、そんな逃げは通用しない。スノーモービルは半日も運転すれば、箸も握れないほど腕はしびれ、寒風で体温を奪われる。これからの遠征、交代で運転しなければとても無理だとか。

「横転するのも練習のうち」と小島さんが言ってくれた。

まだまだスノーモービルに負けているが、せめて転ぶ前の感覚くらい覚えておかなくちゃ。

テレビ朝日映像の佐々木さん(中央)、
河野さんと「朝日チーム、出動！」

ちょっと豪華な船室、使わせていただきました

第二章

はるか46億年前とつながる場所へ

一瞬の判断が生死を分ける

十二月二十八日午前九時四十分、「出発！」。二台の雪上車と四台のスノーモービルが走り出した。目指すはセールロンダーネ山地、「約三百五十キロの距離、がんばって三日でたどり着こう！」と張り切っているが、なかなかハードだ。着けるだろうか。門出にうれしい真っ青な空、まぶしい日差しだ。

大きなそりや居住モジュールをひいて、ゴトゴト、ブルドーザーのようなベルギーの雪上車は時速十キロくらいで走る。スノーモービルは倍以上の速さで、追い越しては止まって、また追いかけて……。風を受けるので、帽子やフェイスマスク、ネックウォーマー、ゴーグルと、肌が出る所がないよう完全覆面。いったい誰だか？　服装と体型で見分けるしかない。二人乗りの後ろで撮影していた手を休めて見渡せば、三百六十度さえぎるものひとつない白い世界だ。

「あぁ、南極大陸の上に来たなぁって、実感しますね」

するとセルロン隊長の土屋さんは、「まだ海の上だよ」。

走り始めて三十キロ以上来たというのに、実はまだ大陸から張り出した厚く安定した「棚氷」の上だった。よく見れば、とても緩やかなうねりがあり、氷が海へ向けてゆっくりと流れ落ちているような感じにも見える。

日本人初の南極探検家・白瀬矗中尉が一九一二年一月二十八日、南緯八十度五分まで達したのも大陸ではなく、棚氷の上だった。今ここにいると、海岸線がどこかわかるわけないし、下は海だなんて信じられない。白瀬が勘違いしたのも無理ない。

棚氷も含めれば日本の三十七倍という南極大陸、さすが大きい！

はるか彼方には、山々の峰がちょっぴりのぞいている。

「あれはロムナエスだよ」。氷原にぽっこり巨大な岩が飛び出している。

「地球ってまあるいんだ」としばし感動、でも寒さは体の芯まで染み込んでくる。

ほんの数日前、「雷を落としたのは、別人だったんじゃないか」って思うほど、土屋さんは優しく、楽しい。私をスノーモービルの後ろに乗せて、「雪上車と少し並んで走りましょうか？」と、撮影のアングルまで気にしてくれる。

「怒るときは本気で怒るからな！」と言ったのは、「本気」と「本音」でぶつかる覚悟だったのだと思う。女だから、同行者だからって甘くみないぞ、という気持ちも。私たちが向かうこの先は、一瞬の判断が生死を分けることになる世界。ごまかしも、その場しのぎも、許されない。チームワークが困難を乗り越えていく力にもなれば、その乱れは命取りにもなる。

そう考えれば、隊長は重責だ。てきぱき指示を出す姿を見れば、その威厳も漂う。でも……

「えっと、どこに置いたかなぁ」と忘れ物が得意技だ。今日も、「衛星電話がみつからないな。どこかに落としたかな」と大弱り。酔っぱらえば、「愛だろ。愛」とどこかの古いCMで聞いたようなフレーズをつぶやき、にやけている。

南極はおもしろい。東京なら何年、一緒に仕事してもなかなか見えないような人の性格が、南極で一緒に過ごせば、あっという間に見えてくる。肩書も収入も、学歴、年齢も関係ない、利害関係もない、素顔の人間同士のぶつかり合いだから。「南極経験者だし……」としっかり者ぶっていた私も、しょっぱなから、化けの皮がはがれてしまった。

ほとんど休憩もなく走り続け、止まったのは午後十一時二十分、気温はマイナス十・七度!初日からきっついなぁ。

南緯七十一度十三分、東経二十三度三十六分、今日は百三十キロ走った。

雪の中に消えたあすか基地

いつまでも沈まぬ太陽。「もう午前三時半!?」。日付が変わっていたことに時計を見て初めて気付く。気温はマイナス十六・三度。夕ご飯を食べられたのも午前様、それからパソコンに向かってホワイトメールを書き、衛星電話で送ればこんな時間だ。そして朝にはまた出発、ほとんど休むことなく走り続け、バルヒェンまでの旅はまさに体力勝負だ。ベルギーの雪上車に並走するスノーモービルを交代で運転するが、皆、寝不足で時折、居眠りしそうになる。ぶつかるものもないし、グリップの手が緩んで、アクセルがきかなくなって止まるだけだから、危なくはないが、これから先、クレバスが出てくると、油断大敵。寒さも増せば、イヤでも目が覚めそうだが。

昨日は頭の先だけちょっぴり見えていた山々が、走るにつれて、ぐんぐん大きく姿をあらわに迫ってきた。「ロムナエス」も雪の中からぬっと出てきた感じ。この真っ白な氷の下に山々の頂や尾根、谷がすっぽり隠れていると思うと不思議な気分だ。

そろそろ、あすか基地だ。六年前の越冬中、昭和基地とドームふじ基地で暮らし、遠征途中には閉鎖されたみずほ基地も通った。あすか基地に来たら、日本の基地すべての踏破だ。観測隊でも四つの基地すべてを訪れた人はまだ誰もいないのでは？　私が初めて？　だから何というわけでもないが、どんな所か楽しみだ。ところが……ない！

「えっ、ここが？」。見えるのは看板だけ。あすか基地の建物はすべて雪の中に隠れていた。風が強くて、雪の吹きだまりができてしまうのだ。

一九九一年十二月、三十二次隊を最後に無人となった。少し離れた場所に残された雪上車やスノーモービルだけがその面影を残していた。

「WELCOME TO ASUKA」と書かれた看板の裏には、「TOKYO 14662KM」「昭和基地639KM」と書いてある。思えばホントにこんな遠くへ来たもんだ！　今日は九十キロ走って、目的地まであと百三十キロ。

年越しは、吹雪の氷河の上で

朝、目覚めると、風の音。まだ山々の峰は見えているが、白い雪原をはうように雪が舞い始めた。「今日は停滞かな」。昭和基地の気象隊員が送ってくれた予報が、残念ながらあたり、低気圧が接近、低い地吹雪だ。

ところが、「ベルギー隊が出ると言っているよ」と、ばたばたと用意が始まった。まだ視界がいいうちに、少しでも進める所まで行ってみようということになった。

午前八時半、雪上車とスノーモービルのキャラバンは動き出した。でも、風はどんどん強まるばかり、あたりは白い世界に包まれていく。

午後一時過ぎ、とうとう前が見えなくなってしまった。ちょうどバード氷河の上、「この先はクレバスがたくさん。これじゃ雪面も見えなくて、はまってしまうかもしれない」。進むのは危ないと判断し、停滞を決める。なんとか三十九キロ走った所。

「あと二十キロだよ、地質隊と合流できたのになぁ」

先に航空機を使って南極入りしていた地質隊の五人が、安全なルートを作りながら先行しているのだ。今日には追いついて、一緒に新年を迎えようと皆、楽しみにしていたのに。日本だったら、車で三十分も走れば着けるはず。なのに私たちにとっては簡単には、越えられない距離なのだ。

夜になって風はどんどん強まり、吹き付ける雪で顔もあげられないほど。初めてのブリザードとなった。「このまま、ここで年越しかもしれないな」目指すバルヒェン南部まであと九十キロ。私たちの行く手を阻む吹雪は、いつやんでくれるのだろう。

風がうなりをあげ、雪は激しさを増し、遂にブリザード到来だ。視界不良で停滞となる。そりに積み込んでいた肉類やパン、酒など食材の箱をいくつか下ろした。

「ホワイトメールを送らなくては」と吹雪の中、BGANの衛星アンテナを外に持ち出して北に向けてみた。方角が悪いのだろうか、電波がつかめない。強風に吹かれながら、あっちに向け、こっちに向け、でも感度を示すランプは光ってくれない。器材も私もどんどん雪にまみれていく。「湿った雪のせいかな。あぁもうダメ。寒くて耐えられない」。通信できなくなったのは、初めてだ。この先、ちゃんと通じるだろうか。

吹雪でしばし停滞の覚悟、モジュールの中では宴会が始まっていた。iPodをつないだ小型スピーカーから音楽が流れる。「やっぱり、これじゃない?」「旅は～まだ終わら～ない♪」。中島みゆきの「ヘッドライト・テールライト」、あまりにも歌詞が私たちにぴったりで、思わず一緒に口ずさむ。「これもある」。ゴダイゴの「ガンダーラ」だ。「どうしたら行けるのだろう、お～し～え～て～ほ～しい♪」に続いて、「バールヒエン、バルヒェン～♪」と歌詞を勝手に替えて皆で大合唱。午前三時近くまで歌い、語り合った。

＊

朝を迎えてもまだ吹雪。ベルギー隊のテントはかまくらのように雪に埋もれている。今日も身動きがとれない。南緯七十一度三十七分、東経二十六度五分。目的地まであと約九十キロある。セルロン隊は、三つに分かれたままの年越しだ。

土屋さんが安否確認で衛星電話をかけると、百数十キロ西にいる地形隊の三浦英樹さんは「こちらは三人で、ビール二本で祝ってます」。

合流する予定だった地質隊五人は二十キロ先で、「柿の種、食べてます。そちらは何食べてますか?」と石川正弘さん。

「こちらはフリーズドライのロブスターです」と答えると、「そちらとの間には、深～いクレバスがありますねぇ」と返された。

年越しの夕べには、ベルギー隊五人が訪れて一緒に祝った。メニューはロブスターのほか、おでんにポークソテー、キャベツとタマネギ、ニンジンの炒め物も、まだある生野菜で作ればぜいたく品だ。生のオレンジもある。食べやすいように、一口おにぎりも。

ベルギー隊からは、ポテトと豚肉をチーズとクリームで煮込んだ鍋が持ち込まれ、吹雪のバード氷河の上では超豪華なディナーだ。

早く天気が回復し、無事に先に進めますように！　来る年へ向けて、そう願った。

＊

思えばこの夜、ボタンの掛け違いが始まったのかもしれない。

「そちらとの間には、深～いクレバスがありますねぇ」。冗談ではなく、実は本音だったとそのときは思いもしなかった。

私たちの前を行く地質隊の五人は、その日も吹雪と闘いながら、ルート工作を続けていた。スノーモービルで少し進んでは方位や距離を測り、ポイントを確認、そしてまた進んでは測るの繰り返し。足元に隠れるクレバスを避けて、安全な「道」を刻んでいく。まる一日、スノーモービルにまたがって吹きっさらし。しゃくとり虫のように、少しずつしか進めない。

「吹雪もひどくなってきた。今夜はここらへんでキャンプしよう」

強風の中、ばたつくシートを皆で押さえながらテントを張っていく。就寝用は一人ずつ、皆の食堂用の大型テントをひとつ、トイレ用の小さなテントも。キャンプ地ができあがるまで、二時間はかかる。やっとテントに潜り込んでも、ポールが曲がりそうな勢いで強風が吹き付けてくる。片手でテントを支えながら、片手で夕食を食べる有様だ。「いつ倒れるかわからない」という緊張の中で夜を過ごす。

そんな折、私たち隕石隊からの衛星電話が飛び込む。「どう？　そちら吹雪は大丈夫？」。もちろんこちらは「がんばって」と素直なねぎらいの気持ちだった。だが、彼らにしてみれば、風雪をシャットアウトしてくれるモジュールに逃げ込んで、ぬくぬくと宴会をしている私たちを思い浮かべたら、脳天気に思えたに違いない。「しらせ」から下りてまだ一週間ほどだった私たちには、彼らに対する想像力が欠けていたのだ。

「皆、疲れきっていた。誰かが倒れてもおかしくない状況だったんだ」。過酷な毎日で、体重が十キロも落ちた隊員もいたことを知ったのは、それから数日後のことだった。

クレバスに落ちた⁉

「ハッピー・ニューイヤー！」

セールロンダーネ山地のバード氷河の上で、英国人・フランス人もいるベルギー隊と一緒に国際色豊かに「四回の年明け」を祝った。一回目の「おめでとう！」は、ここより六時間早い日本の午前零時、次は昭和基地時間、さらに二時間遅いベルギー・タイムだ。午前二時に乾杯！「もうお開きかなぁ」と思ったら、「まだＧＭＴがある！　あと一時間！」という声が。南極で国際チャーター便を運航する時刻はＧＭＴ（グリニッジ標準時）に合わせているとか。長い長い祝宴で、二〇一〇年が明けた。

元旦も低い地吹雪。昼にお雑煮を食べていると、空が急に明るくなってきた。「こりゃ、行けるかも！」。スノーモービル三台が偵察に出かけた。この先は氷の割れ目・クレバスが無数に広がるとても危険な箇所だ。

偵察隊が戻り、午後四時ごろ、「さぁ出発だ！」。万一クレバスに転落した場合でも、ザイルで上がってこられるように皆、ハーネスなどレスキュー装備もしっかり。

雪上車が先頭を走り、そばをスノーモービル三台が雪面を見ながらクレバスを越えて行く。雪上車にひかれるモジュールの中には五人、硬い裸氷の上をガタガタ、ゴッゴッと、上下に激しく揺さぶられる。外がどんな状況になっているかが見えないのも恐怖だ。

突然、「ドッカン！」とすさまじい衝撃、「うわ〜っ！」と叫ぶと同時に、冷蔵庫のドアが留め具を吹っ飛ばして開き、中にあった卵や食材が飛び出した。黄身と白身が、べっちゃり流れていくのを片付けたくても、立っていることも、座っていることすらもできない。床にしゃがみ込んで、つかまれるものに手をかけて、ふんばるのが精一杯。

「落ちた！」。そのとき、外をスノーモービルで走っていた土屋さんは思わず、叫んだ。先頭の雪上車が越えたあと、二台目のそりの通過でクレバスが広がり、三台目のそりは幅二メートルくらいありそうな穴に「ぼこっ！」、はまりかけたのだ。大きくがくんと傾きながらも、なんとか通過、そして四台目のモジュール！「もうダメか」と思った瞬間、そりの幅が前のそりより広くて、ぱっくり開いた穴の外側をするっと抜けた。危機一髪！

でも、こんなシーンも一回、二回では終わらない。「ドッスン」と来た衝撃で頭をぶつける、まとめていた荷物ですら崩れ落ちる……。「これって震度七強⁉」

クレバス帯を越えたあと、皆しばし放心状態、「あぁ、生きた心地しなかった」。

クレバスを迂回したり、雪上車で雪を盛ったり、進んでは止まり、ルートを確認し……八時間かけて進んだ距離はたった二十六キロ。

スノーモービルのかげが見えてきた。先行していた地質隊の五人だ。午前零時、私たちはやっと合流できた。

南緯七十一度四十一分、東経二十六度四十分。目的地まではあと約七十キロ、恐怖のクレバス越え、なかなか目的地にたどり着けない。

「これは本当に、アドベンチャーになっちゃったな」

「ホワイトメール」の続編の名前を考えていたときを思い出した。「ホワイトメール・アドベンチャーにしましょう！」と担当者はぱちんと手を打った。「これだ！　これ」「アドベンチャーなんて、ちょっと大げさかもね」と私は苦笑いした。「でも、何百キロも旅して、ロードムービーみたいなもんだから、まあいいか」

いや大げさでも冗談でもない。今まさに冒険の様相を呈している。クレバス転落という絶対に繰り返してはならない事故、そのすれすれの所をかわし、私たちは走り抜けている。

やっと着いたバルヒェン、ゴールがスタート

翌朝、ブリザードは過ぎた。おびただしい数のクレバスを乗り越えてきたのに、空はまだ私たちに味方してくれない。白い雪が視界をさえぎり、そばにそびえ立つ岩の頂も白いベールに包まれてしまった。「少しずつ、慎重に進もう」

地質隊と合流して総勢十八人。今度はスノーモービルが前を走り、雪上車とそれにひかれるモジュールと荷物そりがゆっくりあとに続く。

青く光る氷が広がる裸氷帯、風がでこぼこの模様を作り、白い雪がうっすらかぶって、ふわふわの絨毯のようにも見える。もちろん、実際はその全く逆、ガチガチに凍った硬く冷たい氷

で、そりはその上をバキバキ、ゴトゴト、すごい音をたてていく。

白い世界を一歩一歩進む毎日、目の前にあるのは雪と氷と岩の山々ばかりだが、出会う表情はそのたびに違う。

しばらく行くと、今度は真っ白な雪の上に大きな岩が点々と散らばっている。まるで、巨人が白い布の上に大小いろんな形のおはじきをばらまいて遊んだあとみたい。氷河が長い長い時間をかけて山や岩肌を削り取り、運んできたものだ。

午後七時前、「よし最後の十四キロだ。がんばろう!」。土屋さんの無線の声が響いた。あたりはますます白くかすんできたが、もうあとちょっとだ。

「少し下ります。斜めに来てください」。緩やかな坂を下りると、岩がぼこぼこ点在する広場、その向こうに水色の氷がまるで海のように広がっている。

午後八時半、「到着です。皆いい仕事したよ! Thank you for all!」。疲れきってくたくたのはずの土屋さんの声がはずんでいた。

緩やかな岩の頂が、私たちを抱くようにそびえる。

南緯七十一度五十九分、東経二十七度四十六分。やっとベースキャンプ地が決まった。約三百四十キロの旅、ブリザードとクレバスに阻まれ、出発から六日間を要した。長く、厳しい道のりだったが、ここはゴールではなく、スタートだ。隕石探査と地質調査が、いよいよバルヒエンを舞台に始まる。

テントを張り、キャンプ地作りが始まったのは午後九時。太陽は傾いてはいるが、もう沈まない。十分な明るさだが、寒さは刻々と増していく。そりから必要な荷物を下ろし、スノーモービルにシートをかけ……作業が続く間、私は夕食の準備にかかった。

野外での生活、当然のことながら、皆が全員で作業しなければならないことばかりだ。キャンプ設営も、物運びも、水作りも。旅をし、ここで生活していくための土台が整って、初めて調査や探査ができるのだ。南極観測隊では、女性も記者も同行者も例外はない。とはいっても、こういうときに強いのは「手に職を持つ」人だ。普段はどちらかと言えば地味で、物静かな千葉さんがスノーモービルを整備し、発電機をたちあげていく。ベルギー隊のエンジニア、ヤスコ・カチンスキーさんはてきぱきと雪上車とそりの連結をはずしていく。機械に強いというのは、こんなとき、なんと頼もしいことか。

私は何ができるのか……。せめて皆の手をわずらわさないよう、自分のことは自分でできるようにというのがいいところか。いや、ひとつくらいは皆に喜んでもらえるものがある。料理だ。野外でできるものは限られているし、基本は準備してきたフリーズドライ食だ。でも「しらせ」から持ってきた野菜や肉にちょっと手をかければ、喜ばれる一品もできる。

地質隊と合流して、今日こそはやっとお正月が祝える。元日用に用意していた穴子巻き、数の子、甘エビ、タコを並べた。立派なロブスターもある。さてどうしようか。半分は温めて、そのままいただくとして、ぷりぷりのこの身で何かできないかなぁ。野菜の箱をのぞけば、日持ちがいいタマネギやジャガイモがごろごろ、ニンジン、あとは数本のネギくらい。「グラタンみたいなもんできないかな」。ふと、飲み物箱を見れば、粉ミルクがある。「おっ、これは牛乳代わりになる」。日中、調査に出ている間の行動食としてたくさん持ってきたプロセスチーズ、サラミも使えるぞ。ポテトとタマネギをいためて、粉ミルクをとかした鍋で煮込む。チーズを切って放り込んで、チーズ風味のホワイトシチューができあがり。

外から戻ってきた隊員たちは、ことこと煮込んでいる鍋をのぞきこむと、「おおっ！ うまそう！」「早く食いたいよ〜」と笑顔を見せる。出来合いだけじゃなくて、ほんのひと手間かけた温かい料理が出てくれば、うれしいものだ。でも、すっかり「いいことした気分」に浸っていた私も、間違いを犯していた。

モジュールを居住スペースに使う隕石隊は、手早く野営の準備を終えた。テーブルの上に所狭しと料理も並んだ。となると、「お腹減ったね。早く食べたいなぁ」。もうすぐ真夜中の零時になりそうだ。

でもそのとき、地質隊はまだテント張りに四苦八苦していたのだ。「まだ終わらないのかな」と、お腹をすかせ、お預けをくらった子どものように待っていた私たち。「先に夕飯食べてからにしようって言おうか」「あとどれくらいで終わるか聞いてみよう」——。

なぜそのとき、気付かなかったのだろう。外に飛び出して、手助けすれば、少しでも早く片付くのに。

やっと皆がそろっての夕ご飯は深夜だった。ベースキャンプ地が決まっての祝杯。ほっと安心すると同時に、これまでの疲れも、そして不満も一気に出てきた。

ほろ酔い加減の地質隊員が、拳でテーブルをたたいた。「あのブリザードの中、必死でルート工作して、キャンプ地設営して、わかってるんですか！」

そうか……。「悪気がなかった」ですむものじゃない。「思いやり」の前に、「気付く」という想像力がなかったことに初めて気付いた。

お祝いムードは消え、皆の表情は険しくなっていった。

「昔の隊が使っていたRYルートでは帰れないな。いや、あのルートで帰る気はないよ、私は」

「クレバスは、幅六十センチから一メートルはあったな」

「スノモで先導しても、そりが問題だ」

「そりだと、接地圧が圧倒的に高いはずだ。スノモで越えられても、そりでクレバスを踏み抜いてしまう。スノモで走っても安全確認にならない」

「帰りのルートは確保されていないことになるな」

「安心できるルートで帰らなくては」

「アランがあんな疲れた顔をしたの、初めて見たよ」

私たちのキャラバン隊の先頭を走ったのは、ベルギー隊を率いるアラン・ヒューベルトさん。ヨーロッパでは有名な冒険家、カイトに乗って南極大陸横断も成し遂げた男だ。北極海の氷の上も歩いている。雪や氷、自然を見極める五感は人並みはずれている。先を行くスノーモービルが安全を確認し、ポイントひとつずつに緯度・経度を記したルートをたどっていたのだが、雪の下から顔を出した無数のクレバスに、さすがのアランも焦ったのだろう。雪上車を降りると、後ろにつないでいたそりを切り離した。「何するんだろう」。雪上車一台になって前方に走って行くと、その場で行ったり来たりしている。雪上車をブルドーザー代わりに使っていたのだ。前面につくブレードで雪を押し、氷の溝に盛って埋めていった。今日は途中で雪上車を降りて、スノーモービルに乗った。雪上車の運転席からでは見えない足元のクレバスを確かめようとしたのだ。

「あのルートでは、いつクレバスにはまるかわからない。まるでギャンブルだ。アラン自身も気付いたはずだ。いつものアランと全然違っていた」

会話に耳を傾けながら、すごい所に来てしまったものだと痛感する。「本当にアドベンチャーだ。なんとか無事に来られたのはいいけれど、これで帰れるの？」

午前三時過ぎ、宴も終わり、皆が眠りにつくころ、ＢＧＡＮ衛星通信を試そうと、アンテナを外に持ち出した。コンパスの針を左右に動かし、北を探す。「こっちだ」。ポジションを決めて、アンテナを開いてスイッチを入れる。「大丈夫かな」。緑のランプの点滅が一度消えたら、感度調整、「さあいくぞ、どうぞつながって」とボタンを押す指に祈りを込める。「プープープー」という音がだんだん速く、高くなっていく。ランプは目盛りいっぱいまで点滅している。

「やった！　良かったぁ」

ここを拠点に調査や探査に出かけ、帰ってくる毎日となる。もしここで通信できなかったら、いくら取材できてもこれから一カ月、写真一枚送れないのだ。日本なら空をあおぐはずのアンテナは、角度九十度近く、ほぼ地平線を向いている。緯度が高く、電波がぎりぎりで届く場所なのに、感度は悪くない。「やった！　これで、ここで仕事ができる。ホワイトメールが送り続けられるんだ！」

皆が寝静まった真夜中、ほっと胸をなでおろし、ようやく私もシュラフに潜り込むことができた。

＊

白い世界にぼんやり包まれていたバルヒェンは昼ごろ、抜けるような青空が広がった。周りには大小の岩々、すぐ向こうに日差しに照らされた氷がキラキラと青白く輝く。海か湖かと見紛うようだ。冷たい風が息を潜めてくれれば、気温は零下でも、陽光のぬくもりを感じる。

「なんて美しい世界なんだろう」

吹雪、強風、寒さの中、スノーモービルを走らせ、モジュールで揺られ、寝不足、疲れ……。思っていた以上の大変な思いをしてたどり着いたこの地、「本当に、ここに来られて良かった」。

一月三日、そりから荷物を下ろして、ベースキャンプ地作りが始まる。食料の箱を並べ、ゴミ捨ての場所を決め、水を作る。ここで一カ月近く暮らすのだ。東西約二百キロに広がるセールロンダーネ山地の東の端、標高約千二百メートル、気圧は極地で低く、八百五十ヘクトパスカルくらい。ここを拠点にバルヒェン山塊を調査、探査していくことになる。

隕石隊リーダーの小島さんは、どうやって隕石を探すか早速、メンバーに講義した。長い時間と大変な労力をかけて、やっと自分がやりたいことができるスタートラインに来たわけだ。疲れも忘れさせるワクワク感がみなぎってきた。

周りを見てきた地質隊の土屋さんは、「いい石があるよ」と大満足の様子。「本当にありがとう」。先行してルートを作ってくれた石川さんや阿部さんら地質隊のメンバーに何度もお礼を言っていた。見えない危険が無数に隠れている雪原に、たどれる「道」を作ることが、どれほど大変なことだったか――。「やぁ良い場所だ」と土屋さんは繰り返した。

あった隕石！　雪まみれの取材

　私たちキャラバン隊のトップを走っていたアランたち、ベルギー隊はベースキャンプの完成を見届けると、プリンセス・エリザベス基地へ帰ることになった。

　一月四日朝、そりを切り離し、身軽になった雪上車が雪煙をあげ、光る氷原を走っていく。

「ありがとう！　また迎えにきてね！」

　スティーブンとヤスコが残った。スティーブンは、大学院で隕石を学ぶ若手研究者、ヤスコは優秀なエンジニアだが、軍人でもある。コソボ紛争にも出征したという強者だ。ひと仕事終われば、「やっぱりこれだ！」と、ドイツの過激なロックバンド・ラムシュタインの曲を大音量でかけてくつろぐ。おっとり型の好青年スティーブンは、ヤスコのペースに巻き込まれていきそうだ。二人は、私たち隕石隊とこれから約一カ月暮らす。

　抜けるような青空が広がっているのに、「ゴーゴー」と風の音が響き、氷の上を雪がはうように流れていく。

「こんな地吹雪じゃ、厳しいな。天気が良くなるのを待とう」と隕石隊リーダーの小島さん。

　午前中は荷物を整理して過ごし、午後はレスキュー訓練のため、氷の斜面に出た。強風が肌を突き刺す寒さ。空からは降っていないのに、舞い上がる雪で、カメラもザックも何もかも雪まみれだ。そんな中でのザイルワーク、厚い手袋をはめて不器用にまごまご、昨春、十勝岳で訓練したはずなのに結構、忘れている。

「おーい、そんなんじゃ、遭難者冷たくなっちゃうぞ。早く引き上げろ！」とザイルの向こうは、フィールド・アシスタントの佐々木さん。マズイマズイ。

もたつく私たちを見て、「何もたもたやってんだ！」と言わんばかりのヤスコ。アッセンダーだの、プロトラクションだの、新しいレスキューグッズを用意したはいいが、「ザイルかける方向こっちだっけ？」と使いこなせていない私たちを前に「こんなもん、これで、これで、ほい、いっちょあがり」とザイル一本で、ぐるぐるっと決める。

「十勝で訓練したはずなのに、もう忘れちゃったのか」とため息をつく佐々木さん。指導者をがっかりさせるばかりに終わってしまった。

帰る前、「隕石探しの予行練習で、裸氷の上を見てみようか」と小島さん。

ガリガリ、ゴトゴト……、スノーモービルに乗り、氷の上を横一列になって走り、隕石を探す。時々、一センチほどの黒い小さな石をみつけるが……やっぱり違う。

佐々木さんがスノーモービルを止めた。「これもしかして隕石ですか？」

近寄って氷の上にはいつくばるように、のぞき込んだ小島さんが「そうです！」。

「やったぁ！」と、佐々木さん大喜び。なんと最初の一個を発見！

「撮影しなくては」と私は風と雪と闘いながら、ビデオとカメラを抱え、走り寄ると「うわっ！」。雪に隠れたクレバスに片足がずぼっ！　はまってこけそうになる。一人でパニくりながらも、「なんで隕石だってわかったんですか？」と質問。

「地質隊や地形隊と南極の石を見てきたから。今まで見たのとちょっと違って、表面がつるっとしているなぁって」と佐々木さん。それでわかるなんて、すごい。隕石隊より先に南極入りして、これまで石を調査する人たちを支えてきたからこそ、みつけられたんだなぁと感心していると、「中山さん、立っているそこクレバスですよ。取材もいいけれど、足元ちゃんと見てください。落ちますよ」と言われてしまった。

＊

翌朝もまた地吹雪。午前中はしばし骨休めだ。

昼ごろ、強風で倒れそうになっていた地質隊の大型テントを、皆で風下に引っ越しした。片付いたところで、「少し風も収まってきたな、行ってみるか」と、八人そろって探査に出かけることになった。昨日より南側の氷の斜面を狙う。

スノーモービルは数十メートルの間隔をあけて横一列、ゆっくり走らせながら氷の上を探す。初日で四個みつかったので、私も「一個くらいみつけたいな」と、撮影のかたわら、キョロキヨロ。

するとと、無線でスティーブンの声が聞こえる。「ヘルプ」「えっ?」、英語で話している不鮮明な音に耳を傾けると、「誰か、手伝ってくれませんか?」と呼んでいるようだ。散らばっていたスノーモービルが集まってくる。見ると、氷の上に黒い小石があっちにもこっちにも、「すごい! これ全部、隕石だ!」。手分けしてビニール袋に入れた。なんと百十七個も! こんな風にまとまって落ちているのを「フラグメント」と呼ぶそうだ。

次は海田さん、かけつけてみると、「うわっ大きい」とびっくり。握り拳大の隕石だ。昨日二個みつけたものの、佐々木さんに最初の一個を発見されてしまったのが悔しそうだったが、今度は大満足の様子だ。

この裸氷の上にはまだたくさんあるはず。「私もみつけられないかなぁ」と見ていると、小さな黒い粒が! 「小島さん、これ違います?」、薄っぺらい一センチほどの石、「そうかもしれないな。持って帰ろう」。「隕石発見……かな?」というところで喜び半ばだ。

二時間余りで探査終了。ところが、キャンプ地へ帰る途中で岡田さんが、五センチほどのずっしりした黒に近いチョコレート色の石を発見。なんと鉄隕石だった! みつかる隕石の中でも一パーセントもないくらいの貴重なものだとか。大収穫の一日だった。

今日は大物ゲットで、極地研の隕石専門家の面目を果たした――と思った海田さん、最後にオイシイところを岡田さんに取られてしまい、また悔しそう。今日は合計百六十九個の大収穫、「隕石争奪戦」は、だんだんエキサイトしていきそうだ。

地球の果ての教訓

【南極・セールロンダーネ山地＝中山由美】五十一次南極観測隊のセールロンダーネ山地（セルロンン）調査隊が四日、バルヒェン山塊で隕石探査を始め、初日に四個を発見した。……

セルロンから、隕石一個目発見の第一報が一月五日付の夕刊に載った。これまでどこの報道機関も経験がない隕石探査の同行で、現地から速報する初めてのニュースだ。地吹雪の中で撮影し、ベースキャンプに戻ってパソコンのキーボードをたたき、真夜中に衛星通信でやっと送ったデータ。

「新聞にはどんなふうに載ったかな。写真は大きく使ってくれたかな」。どんな見出しがついたか、扱いは大きかったのか、記事の仕上がりは気になる。東京本社に頼んで、ＰＤＦファイルにした記事をメールで送ってもらった。衛星アンテナを立てて受信し、わくわくしながら開いてみたが、愕然《がくぜん》とした。

「何？　これ？　どういうこと？」。パソコンの画面を見て、思わず声をあげてしまった。一面の左端に載った記事は、悪くはない扱いだ。でも、その記事の一節に目を疑った。

「……隕石はいずれも1センチ前後で、地球には存在しない成分が含まれていた」

書いた覚えのない一文だ。書くわけがない。間違いだ。「なんで？」という戸惑いと、「どうしよう」と混乱。今さら取り返せない。記念すべき第一報と喜ぶはずだった記事が、真っ青になる恥ずかしい記事になってしまった。皆も遅かれ早かれ目にすることになってしまうのだから、隠しても仕方ない。

「こりゃまずいね。地球にはない成分が入っていたら、大ニュースになっちゃうよ」

テントの中で私のパソコンをまわしながら、記事を読んだ隊員たちが微妙な表情をのぞかせる。「記事を出してくれたのはいいけれど、これじゃ困るね」と口には決して出さなくても、顔に書いてある。

多くの隕石は四十六億年前、太陽系ができるときに飛び散った塵《ちり》やガスが集まってできたもの。そうした石が惑星へと進化していったわけだから、隕石は鉄だのカルシウムだの地球と同じような成分でできているのだ。

私はイリジウムの衛星電話を握りしめ、外へ出た。

「どういうわけで、こんな一文を入れたんですか？　間違いです！」

受話器の向こうに怒りをぶつけるが、電話の相手・東京サイドはぴんときていないようだ。「地球の石と違うんだから、成分が違うんじゃないの……」と話がなかなか通じない。

「確かに地球の石とは違いますけれど、それを構成している化学成分が違うというわけではないんですよ！」。白い氷原を前に声を張り上げている自分もむなしくなる。素人が漠然と口にする「成分」は、何か「物の中身や作りが違うんだろうな」くらいのことなのだ。だからといって、「一般読者に違いはわからない」という気持ちが許せなかった。本来は、記事になる前にデスクが筆を加えたら、筆者に必ず確認をするはずだ。それが南極、しかもセールロンダーネ山地というとてつもなくへんぴな場所にいて、連絡もとれない。「これくらいなら大丈夫」と思ったのだろう。もちろん、デスクはわかりにくい記事を、もっと丁寧にわかりやすくしなければと考えたのは、疑うまでもない。それにしても……。

不正確な記事は読者に申し訳ないと同時に、このセールロンダーネ山地で探査している観測隊員、観測隊を派遣する極地研に対しても申し訳なく、情けなく恥ずかしかった。読む人が読めば、たった一文で「この記者は素人だな。わかってないな」と思われるのだ。「中山なら、これまで南極のことを取材してきて、理解していて、正しく伝えてくれる」——という信頼を裏切ることにもなる。「私でなければセルロンは取材できませんよ」くらいの勢いで、ここまで連れてきてもらったのに……。「本当にすいません。私のチェック漏れでこんな記事が出て……」

「成分という言葉を広い意味で解釈するなら、まぁどうにか許容範囲だよ」。東京本社を相手に電話でケンカしている姿に隊員たちも同情したのだろう。そう声をかけてくれた。

記事の最終チェック、それが地球の果てであろうと欠かしてはいけない、痛恨の教訓だ。

皆で汚くなればこわくない！　十日ぶりの着替え

今日も朝から吹雪、マイナス八度。良くなりそうな気配も見えず、地質隊も隕石隊も停滞だ。ご飯を食べて一眠り、普段の疲れを取り戻す貴重な休みでもある。

でも私は原稿書きや撮った写真や映像の整理など、やるべき仕事がまだたくさん。そう言えば、そろそろ着替えもしなくては！

長期の野外生活では、毎日の着替えを持っていくわけにいかないのは当然。もちろん洗濯もできなければ、風呂もシャワーも入れない。雪や氷をとかして作る貴重な水は飲料と食事用で、顔や手を洗えるほどの余裕はない。となると、体をきれいにするのはウェットティッシュだ。首から足先まで体じゅう、こしこしこすってふくだけでも気分はずいぶん違う。それでやっと着替えだ。十二月二十五日の上陸以来だから……もう十日ぶり以上だ！　あぁすっきりした。

私は顔と手は毎朝夕ふいているが、この頻度は人それぞれ。毎晩、足の指の間まで丁寧にふく人もいれば、「野外なら一カ月でも二カ月でも、何もしないのが普通だ」という人もいる。寒くて乾燥しているので、汗はかきにくいのが幸いだが、それでも臭くなる。「皆で汚くなれば、こわくない！」なんて言ってみるが、臭さにも個人差は出てくるものだ。私たち隕石隊はもう二カ月近い野外生活になる。一番効いてくるのは、保温性のいい防寒靴だ。その中にこもった臭いをしっかり吸い込むのが、厚手の靴下だ。

夕食を終えて、ゆっくり一杯、気持ち良く、その足も解放してあげようと、防寒靴を脱いだ隊員、狭いモジュールの中にアヤシイ臭いがたちこめ始めた。

「野良犬みたいな臭いしますよね」。隣にいた佐々木さんは、年齢が倍近い某教授に向かって言う。東京にいたら、ドキッとする暴言も、ここでは大ウケ。皆の爆笑を誘う。実は佐々木さん、そのかぐわしき靴下にエライ目にあったのだ。

「これ、ぼくのかと思ってベッドに持っていったんですけれど、違うみたいで……」

「おっそれ、オレのかもしれないいな」と教授。

「やっぱり！　何を間違ったのか、昨日、自分のかと思って持っていっちゃったんですよ。枕元に置いたまま寝ちゃって、シュラフにまで臭いがついているんですよ！」

指先でつまんだ靴下を差し出しながら、「このままじゃまずい。ビニール袋ない？」

「えっ、汚い靴下にジップロック使うの、もったいなくない？」

「これ密封しないと、ホントやばいって」と、ジップロックに突っ込むと、口をぴったり閉めて、完全密封した。

「そんなにひどいかね」と教授は苦笑い。「どれどれ」、そっと半分開けて、鼻を近づけてみる。

「おおっすごいわ。これは」。近づけた顔をぷいっとそむけて、「結構きてるね」。

「かいでみろ」「室内でやめてくれ」「外へ捨てろ！」と靴下一足を巡り、小学校の教室のような騒ぎだ。「この靴下、山手線に持ち込んだら、犯罪ですよ！」

教授は一言、「わかった。これは私が悪いんじゃない。私が臭いんじゃなくて、靴下が臭いんだ」と、訳のわからない収め方をする。

この研究者たちは、日本に帰れば大学の教壇に立ち、生徒の前で熱弁をふるい、巧みな英語で学会発表をするわけだ。南極に来れば、臭いは野良犬？　いや、道なき道を行き、地球の歴史を語る石を極限の地に求めて冒険旅行をするインディ・ジョーンズか。写真や映像で見ると、汚れ具合が野性味を帯び、格好良く見えなくもない。臭いがわからないのは幸いだ。

私の靴下は、正月には履き替えたから大丈夫。でも自分の臭いは自分で気付かないって言うからな。「臭くないはず」と信じてはいるが……大丈夫かな。あーでも、髪の毛はゴワゴワ、頭かゆいなぁ。

朝日新聞セールロンダーネ支局ができた

一夜明けてもまだ吹雪。隕石探査にも、地質調査にも出られない。

雪の吹きだまりがあっという間に背の高さくらいになってしまったため、皆でそりやテントのまわりを除雪した。外に置いたまま「自然冷凍」していた食料箱も、雪をかぶっている。せっせと雪をはらい、中身を仕分けていると、「ほら、できたよ」と声をかけられた。いつの間にか、小さなテントが一つできあがっていた。

「これ、朝日新聞の支局だよ」

皆が私の仕事場を作ってくれたのだ！　大感激。南極からの情報を発信できる、何よりもうれしい通信基地だ。皆さん、ありがとうございます！

「ホワイトメール」は毎晩、零下の氷原から、インマルサットの衛星通信で日本へ送っていた。ここは南緯七十一度五十九分、東経二十七度四十六分、ＢＧＡＮの衛星アンテナを北の地平線近くに向けて衛星を探して電波を拾うのだが、ベースキャンプができるまでは大変だった。強風に吹き飛ばされそうになりながら、ときには雪まみれになって、パソコンが壊れるのではないかと冷や冷やしながら、必死。そういうときに限って電波が拾えず焦るばかり。吹雪がひどくて、送信を諦めたこともあった。

建物の中からは無理でも、テントの薄い布地越しなら問題なく通信できる。寒風を完全に防いでくれて、快適な環境。最初の仕事で、東京から送ってもらった今日付の朝日新聞の南極特集記事を受信し、「ホワイトメール」を東京へ発信！

せっかく皆に建ててもらったテント、発信基地にするだけじゃもったいない。風の氷原・セルロンで暮らしているのだから、その自然に抱かれて眠ってみたい。その夜、テント地一枚の向こうに風の音を聞きながら、シュラフに潜り込んだ。

雪と氷の世界の水

空は青く晴れ上がっているのに、毎秒十メートル前後の強風が吹き荒れている。スノーモービルで遠出するのは難しそうで、午後から三時間ほど氷の上を歩いて隕石を探した。雪や氷の上に南極の石がごろごろあるので、かえって隕石をみつけるのは難しい。今日の成果はたった二個だった。

少し気温が上がったので、夕方、水取りへ出かけた。

「零下の世界で水？」と驚かれそうだが、ベースキャンプのそばで、氷を割ると、下にとけた水がたまっている所をみつけたのだ。ひしゃく代わりの食器ですくって、大きなポリ容器へ少しずつためる。

「今日は全部で八十リットルも取れたよ」「しばらく安心だね」と皆、喜んでいる。

これで、調理と飲用の水が確保できたわけだ。水がそのまま取れるなんて、本当に大助かり！　普通は雪を取ってきて、鍋で温めてとかして作らなければいけない。ものすごく大きな塊を鍋に突っ込んでも、できる水はわずかで、時間もかかる。

氷だと効率は良いが、氷の塊を取ってくるのも楽ではない。水を作っては、ためておく。わかせばポットに保温しておく。雪と氷の世界で暮らす私たちにとって、水は本当に貴重なものだ。洗い物をする余裕なんてもちろんなし。使った食器は紙で汚れをふきとる。食べたあとは、その器でお茶を飲んで、ついでにきれいにする――なんてのも手だ。

水をほんのわずかしか使えない、使いきったら作らなければいけない。日本では気にすることもなく、当たり前に思っていることが、どれだけ恵まれているかを実感させられる。それが南極暮らしだ。

胃袋満つれば、心豊かに

「胃袋満つれば、心豊かに」と、南極の野外暮らしでは痛感する。長期の厳しい野外生活で、「食料問題」は一番重要と言っても言い過ぎではないかもしれない。おいしい物を楽しく食べられていれば、心は朗《ほが》らか、チームワークも良くなる。食生活に不満が残れば、ストレスもたまり、チームワークも乱れる一因になる。私もいっちょまえに南極越冬経験者、そのあたりは心得ていたつもりだ。

セルロンでは毎日、手の込んだ料理がふるまえるだけの材料もなければ、時間や体力の余裕もない。お湯をかければすぐにできるフリーズドライが私たちの主食。種類は豊富といっても、それればかり続けば飽きてしまうし、肉や野菜も使いたい。たまにはレトルト品も食べてみたい。

「久々にカレーなんてどうかな？　ハヤシとか、丼物のレトルトもあったよ」

いつの間にか、隕石隊の「食事係」となった私はいつも、皆に聞いてみる。

「そういえば、まだ一度もカレー食べてないね。レトルトが大量にあったし、そろそろ食べたいね」

早速、箱から「特製カレー」を引っ張り出し、ご飯を炊いた。鍋で温まったカレーを炊きたてのご飯にとろりとかける。この香りが食欲をいっそう刺激する。

「しらせでは毎週、食べてたのに、久しぶりだね」と皆も満足気だ。そこに地質隊の一人が現れた。同じベースキャンプ地で、地質隊六人はベーステントでの食事だ。モジュールに入ってくるなり、カレーを食べていた私たちを見て、彼の表情がこわばった。

「なんで、フリーズドライを食べないんですか？」

その視線がすっと私に向けられたまま、ぴたりと止まる。「ええっなんで、私が責められるの？」と心の中で助けを求めたが、しんと沈黙が続く。

「毎日、その日の分のフリーズドライが人数分、箱に入っているんですから、順番に食べていかなければ余ってしまいますよ」

低く落ち着いた声で一言。それは、「きちんと食料計画をたてて、準備をしたというのに、それを無視して、好きな物から無計画に食べていくのはけしからん」との心だ。

セルロン隊に最後に加わった私は、食料計画の詳細までは知らない。もちろん、軽くて調理が簡単、保存もきくフリーズドライをメインに準備を進めてきたことはよく知っている。仕込みのために夏、長野県安曇野《あづみの》市の工場にまで出向いて、皆で合宿して調理し、フリーズドライ加工してもらったことも。でも、それ以外に「しらせ」から肉・魚や野菜をどれだけもらったか、レトルト品はどんな物を用意したか、どれくらい取り交ぜて使っていくべきかなんてわからない。

「今夜は何にしましょうかね?」と隕石隊リーダーの小島さんに尋ねたり、朝ご飯を支度する佐々木さんに「おかず何出そうか?」と相談したり、皆の意向を聞きながら、食べたい物を用意して、出すだけ。「食料係」というより、「食事係」「調理担当」だ。

だからこそだったのか、あの冷たい視線は。「食料計画を知らない奴が、勝手に乱さないでくれ」と追及する視線? でも、使っていいの、悪いのと私に言われても困るなぁ。

彼がモジュールから出て行ったあと、凍りついた空気がとけたように、隕石隊の皆が言葉を発する。「まずい所、見られちゃったのかな」「好きな物、食べればいいんじゃない。順番がどうとか関係ないよ」「どんなに食べたって、余るほどあるんだから」……。

地質隊と隕石隊は、テントとモジュールという「住環境の違い」だけではなく、「食文化の違い」まで出てきたみたいだ。決められた日、決められた食料を一人ずつへ分配し、きっちり計画通りに消化する地質隊と、「今日は停滞だから」とか、「遅く帰ってきて疲れているし、すぐ食べて休みたい」とか、その時々の状況や気分で決めていく隕石隊。食料は量も種類も豊富なのだからと、私もこの隕石隊スタイルで満足していた。「なんで食べる順番まで、いちいち言われなくちゃいけないのかな」なんて思った。でも六年前を思い出し、「あのときと立場が逆じゃない」とドキッとした。

二〇〇四年十一月、昭和基地から千キロ、雪上車で一カ月かけて、ドームふじ基地へたどり着いた。そこで暮らし始めたころのことだ。標高三千八百十メートル、周囲千キロには人も基地も何もない究極の孤立環境で三カ月近く生活する。食料は昭和基地にいる間に何カ月もかけて準備した。肉はスライスして真空パックにする。冷凍庫にこもって食材の数を数え、仕分ける。冷凍ピラフ九つ、ミックスベジタブル一袋、ミートボール一袋……。「〇日目」と段ボール箱の上や側面にマジックで書き込んで、朝食・昼食・夕食分と順番に人数分を詰めていく。出発時にはその箱を番号順に、大きなそりにのせていく――。

そんな苦労があったのを知ってか知らずか、ある隊員の行動に、業を煮やしたのは、この私だ。その隊員は食事当番にあたると、過去の隊が残していった古い食材の山から、めぼしいものを物色してきては使って喜んでいたのだ。中には、口が開き、味もアヤシくなっていた貝なんかもあった。

「せっかく昭和基地から運んできた新しい食材があるのに、なんで二年も三年も前の食材を使うの？」

最低気温マイナス七十九・七度という極寒地。外に置いているだけで、完璧な冷凍保存だが、それでも食料は冷凍焼けを起こしてまずくなる。その理屈はもちろんだが、内心は「こっちが計画し、準備した苦労を無視して！」という不満の方が大きかったと思う。

セルロンのフリーズドライには、相当な労力がかけられている。セルロン地質調査が始まった四十九次隊のときはまだ、どんな食材や料理がフリーズドライに向いているか、試行錯誤でのスタートだった。その後の五十次隊で種類を増やし、改良も進んだのが今回の五十一次隊だ。夏の仕込みのときには、五十一次隊の調理隊員のほか、前の隊の調理人もかけつけて、包丁を握り、鍋を揺すって、自慢の料理を仕上げた。セルロン隊メンバーの奥さんや友だちまで、手伝いにかけつけた。時間と手間をかけて料理を作ったのは、一から注文すれば価格も高いからだ。専用容器に入れ、フリーズドライ加工だけ頼んでも結構な値段はする。「フリーズドライ食品って、なんでそんなに高いんですか？　量産できないからですか？」と単刀直入にメーカーに聞いてみると、「真空凍結乾燥加工する釜を動かすだけでも、すごい電気代がかかるんですよ」とのこと。

目の前にあるたくさんの食材から好きな物を食べたい——。それは素直な気持ちだが、手間もお金もかけて準備した物を余らせてはもったいないと思うのも当然だ。

南極で宇宙をみつけた！

一月九日、私もとうとう宇宙からの使者に出会えた！

やまない強風、朝から真っ青な空が広がるのに、相変わらず冷たい風が肌を突き刺す。いくらかでも弱まるのを見計らい、昼から隕石探査に出発した。

ガチガチの氷の上をスノーモービルでゆっくり走りながら、右を左をキョロキョロ。薄く青く光る氷は風に削られ、小さく波打っている。太陽の光を浴びると、海のさざ波のきらめきのようだ。

そんな所に黒っぽい石をみつけると、「もしや……」と思うのだが、近づいてみると、地球の石。そばに、氷河に運ばれた石や砂などが集まっているモレーンがあるのだが、そこにあるのと似ている。素人ながらに、〝隕石っぽい〟というのはわかってきた気はする。

「これも違うな」「これもダメか」……と見ているうちに、一センチ足らずの黒い石が目に飛び込んできた。今まで見ていたのとは「何か」が違う。表面は、溶けたような滑らかさがあり、地球の石のような粒々が見えない。

「これどうですか？」と聞くと、隕石隊リーダーの小島さんは氷の上にはいつくばるようにして、のぞき込んだ。そして顔をあげると、両手で大きく丸をつくった。

「コンドライト（始原隕石）だよ」

「やったぁ！」

前回は「隕石かもしれない」と疑惑付きだったが、今度こそはお墨付きの隕石発見だ！

「日本の観測隊で女性初の隕石ハンターだね」と海田さん。そうか！　隕石探査は報道記者の同行も初だけれど、女性が加わるのも初めてだ。

この白い大陸で出会える隕石の多くは約四十六億年前、太陽系が生まれるころにできたものという。何十億年もの間、宇宙空間を旅して、百万年から数千年前くらいに南極に降り注いだものらしい。はるかなる時を越えて、地球に届いた宇宙からの使者に、私もやっと出会えたのだ。

「雪は天から送られた手紙である」という素敵な言葉を残したのは、雪氷研究の第一人者・中《なか》谷《や》宇《う》吉郎《きちろう》博士だ。さて、この宇宙からの贈り物には、どんなメッセージが託されているのだろう。

＊

昨夜の食料問題、事はもう少し複雑だった。夜に顔を合わせた地質隊の別の隊員からも言われた。

「レトルト類はセルロン隊全体の『予備食』として、残しておかないといけないんですよ」

不測の事態で旅程が長引いてしまったときに備えて、ということだ。でも何を予備食としているのか、どれくらい必要なのか、私は知らない。

「レトルトは『予備食』にしなくちゃいけないって言われたんですけれど……」と、隕石隊の隊員に伝えた。レトルト以外にも、「しらせ」の食料庫から持って下りた肉や魚・野菜の食材はいったい、隕石隊のものか？　それとも地質隊や地形隊と共有するものなのか？……そのあたりもはっきりしない。なんでもいいけれど、皆の共通認識として決めてほしいな。食料問題はやっぱり最重要だ。

調査に出かける前、地質隊と隕石隊の担当者四人は顔をつき合わせて真剣に論じていた。野外ではちょっとのわだかまりも隠さず、面と向かって即、解決すべし！　これも鉄則だ。

凍える！　強風と極寒の氷上八時間

テントで目覚めた朝、外はマイナス七・四度でも中は結構暖まっている。でも、やっぱり外は風、風、風……。風に吹かれると、寒さは倍増する。穏やかな風のない日が一日くらいあってほしいのに……と願う毎日だ。それでも昨日よりはましだ。探査できずにしびれをきらしている私たちは、午前十時過ぎに出かけた。

十分足らずで、私は一個発見！　直径一センチほどだが、うれしい。まず、油性マジックで「Y１００１１００１」と隕石のそばの氷の上に書く。「Y」は由美のイニシャル。誰が拾ったかわかるように、それぞれ決めている。これは、私が二〇一〇年一月十日に拾った一つ目の隕石という意味だ。

GPSで緯度・経度を記録し、写真撮影。一番大切なのは、手で触れてはいけないことだ。雑菌がついて汚染されないようにするためで、手袋もダメ。すでに十分汚れている。同じ記号を袋に書いて、入れるときが一番大変だ。袋を半分ひっくり返してつかむと便利だが、小さい隕石になると、なかなかうまく入らず、焦るばかり。マジックを出して、手袋をはずして、字を書いて――というだけで大仕事だ。たった三十秒ほどで指先は冷えて、動かなくなってくる。そばにあった数ミリの隕石も、袋の端にひっかけてすくおうとした途端、あっという間に強風にさらわれてしまった。貴重な一個が……。

隕石を温かい所に置いてもいけない。自然にあったまま、冷凍で持ち帰らなくてはいけない。今日は八時間余り、氷の上を走りまわった。太陽系の誕生と成長の秘密がぎっしり隠されている貴重な隕石。手に入れるには、そしてその姿を取材するには、風と雪、そして寒さとの闘いだ。「そう言えば、南極って寒いんだった」なんて、薄れゆく感覚を取り戻そうと、手を握ったり、開いたり、指を動かしながら思い出した。

ベースキャンプに帰ると、「みつけたよ」と地質調査に行っていた人たちまで、隕石のお土産を持ってきてくれた。今日は皆で九十二個となかなかの「大漁」だ。収集数はこの五日間で、合計三百個を超えた！　調査できる時間が少ないわりには、見事な成果だ。

でもその数より、小島さんが喜んだのは、希少な「ユレーライト」の発見だ。「八十メートルくらい離れた所からかな、何か見えたんですよ。そばに行ってみたら、見たこともない、なんかすっごく変な形した石があって」というのは佐々木さん。隕石研究者の海田さんの姿が見えたので、呼んでみた。「これ、隕石ですかね？」

これまで見ていた隕石は、表面がつるんと滑らかで黒や焦げ茶っぽい感じ。でもこの氷の上に転がっていた拳大の石は表面がぼこぼこしていて、形といい、色といい、まるでおはぎのようだ。記録して、ジップロックに入れて採取し、小島さんに見せた。「これはユレーライトだね」。いつもならぱっと見て、隕石か否かを鑑定して終わりなのに、小島さんはしげしげと注意深く、のぞき込み、目が離せない。

「えっ、ゆーれらいと？　ユレーライト？」。私たちは初めて聞く名前にきょとんとしている。

「ずいぶん珍しいみたいだよ」

ベースキャンプに一冊の分厚い隕石の洋書があったので、皆でめくってみた。

「最初にみつかったのは、ロシアだって。食べたらしいよ」

「ええっ、食べた？　確かに、これはどっから見てもおはぎだよね」

「でもロシアにおはぎはないでしょ」

「いや、食べ物に見えるよ」

「でも、さすがにかめないでしょ」

その文献によると、一八八六年にロシア中央のノボユレーに落ちたのが見つかった。いくつか発見されて、地元の人たちが食べた——と書いてある。口にしてみたくなる気持ちもわからなくはないが、かみきれるわけないし、本当に食べたのか、話が大げさに伝わったのかな。小島さんの説明では「輝石のまわりに炭素質物質がくっついている隕石」。炭素だから、ダイヤモンドも含んでいることになる！　世界でもまだ百個くらいしかみつかっていない珍しいタイプで、どうやってできたか、わからないことも多いらしい。

その価値がまだよくわかっていない私は、「隕石にもいろんな珍しい種類があるんですね」と感心しているくらいのレベルだった。

「しらせ」が迎えにこられない！

「セールロンダーネ隊、セールロンダーネ隊、こちらＪＧＸ昭和」

毎夜十時、「ざぁー」という音とともに無線機から、昭和基地の通信隊員・大谷祐介さんの声が短波で届く。

「こちらセールロンダーネ隊、土屋です。本日、地質隊六名、隕石隊八名、人員装備、異状なしです」

昭和基地を離れて観測している隊員たちは、毎晩この定時交信で連絡を取り合い、安否を確認する。今どき衛星電話を使えばいいのに、と思う人もいるかもしれないが、無線ならほかの場所にいる人たちも同時に耳を傾けることができる。高い電話代もいらない。

セルロン隊では地形隊三人が、ここバルヒェンとは離れた場所にいる。セルロンのほかでは、大陸沿岸で生物を観測する隊員たちがいて、昭和基地から千キロ、内陸に入ったドームふじ基地へ向かった隊は三日前に、現地に到着したと報告を聞いた。

皆、けがも病気もなく過ごしているか、装備は大丈夫か、確認する。こちらからは本日の行動を報告し、昭和基地には気象隊員がいるので、明日の天気を教えてもらう。「気温はマイナス十度からマイナス十五度」と言われても、もう驚かない。一番気になるのは風速だ。

一月十一日、この夜は昭和基地から、「しらせが昨日十日二十三時半、昭和基地に接岸しました」と報告があった。私たちを下ろし、「しらせ」がクラウン湾を離れたのは十二月二十五日だった。二十八日には、昭和基地のある東オングル島から続く厚い定着氷の端に着いていた。だが、岸まではまだ約九十キロもあり、そこからが大変だった。四・三メートルの海氷の上に七十センチの積雪、合わせて五メートルという記録的な厚さの硬い「壁」。一度後ろに下がって、勢いをつけて氷に体当たりする「ラミング」をしても、どすんと当たっただけ、進んだ距離はゼロというときも。ペンギンやアザラシより遅いどころか、ラミングを繰り返して一時間でやっと二百メートルなんてときもあったそうだ。「初航海なら来てみろ」と言わんばかりの南極海の厳しい洗礼を授けたものだ。

「接岸」といっても、昭和基地に港があるわけではないので、東オングル島の岸から一キロくらいの氷海上に着いたという意味。これでやっと、越冬に必要な荷物を氷海に下ろして運ぶことができるわけだ。大陸沿岸へ観測に行こうとしていた人たちも、「しらせ」のヘリコプターの輸送を待ちわびていただろう。

「昭和基地の皆も、ホッとしただろうね」。何事もここでは厳しい自然相手、人間の思うようには簡単に事は運ばせてもらえないものだ。

「物資も届かなくて、夏作業もずいぶん遅れが出ているだろうな」

遠く離れた私たちセルロン隊も、しらせ接岸のニュースにほっとした直後だった。

「土屋隊長、定時交信終了後に本吉隊長へイリジウム電話をかけてください」と、昭和基地の通信隊員、大谷さんの声が無線から流れた。

「なんだろうね」「ナイショ話だよ」

皆が耳を傾ける定時交信では話せない話ということだ。よけい気になる。

土屋さんは交信を終えると、衛星電話を手に、外へ出た。雪交じりの冷たい風が吹き荒れる中、昭和基地にいる本吉隊長と話し込んでいたようだ。しばらくして戻ってきた顔は、にやけているようでもあり、困っているようでもあり、何とも読めない表情だ。

「何の話でした?」と尋ねる私たちに、「落ち着けよ」と言わんばかりに、ゆっくり椅子に腰を下ろした。ひと呼吸を置いて、おもむろに話し始めた。

「しらせは、クラウン湾に来なくなりました」

「え——!」「何!? どういうこと?」と皆が声をあげた。

土屋さんはゆっくり話し始めた。「チャージング(ラミング)が二千回を超えて、クラウン湾に来る分の燃料はもうないんだそうです」

「えっ! じゃあ、どうやって帰るんですか? 私たちは!?」

一瞬の間に、いろんなことが皆の頭の中を駆け巡る。「南アフリカのケープタウンまで飛行機で飛んで、日本へ帰る?」「パスポートをしらせに置きっぱなしだから無理だよ」「岡田ドクターは、越冬なんだから、絶対、昭和基地に戻さなきゃ」「やっぱり皆、しらせに一度戻らないと」……。

「隕石隊と地形隊は、DROMLANの飛行機バスラーターボでS17へ飛ぶことになった」と土屋さんは続けた。S17は昭和基地の目の前の大陸上にある拠点。そこに下ろされれば、「しらせ」からすぐに、ヘリコプターが飛んできてピックアップできるというわけだ。

「そうか……選択肢はそれしかないよね」

足りない燃料をもし補うのであれば、「しらせ」はケープタウンまで行かなければならない。その何千キロもの航海にかかる燃料費を考えたら、国際共同チャーター便DROMLANの航空機を使った方がまだ安あがりということなのだ。

「とりあえず二月四日に二便、五日に一便押さえたが、天候がいつ急変するかわからないし、できれば一日ですましたい。四日二便でどうにかできればと思っている」と土屋さん。

「でも、しらせでピックアップして運ぶはずだった荷物をどうするんですか？」

「集めた石を置いて帰るわけには絶対いかない。何としても日本に持ち帰らないと」

「航空機で全部積めるかな？」

「しらせも海上自衛隊の運航なら、燃料輸送艦よこして、海上給油したらどうだ？」と小島さんはまた大胆なことを言う。

「迎えにきますから、って言ってくれたのになぁ」……話は尽きない。

「これはまだホワイトメールにも書いちゃだめだよ。方針はもう決まったけれど、計画の変更ということで、本部総会を通して承認を得なければ公にできないからね」と口止めされた。それにしても……。「いや参った。『筋書きのないドラマ』だな、こりゃ」

こちらのテント、
朝日新聞セールロンダーネ支局です！

地質隊テントは、
フリーズドライでお食事中

第三章

命がけ、それでも楽しい氷上生活

南極の宝石

一月十二日、地質隊の調査に同行する。

午前中はいつも風が強いので、少し遅めに昼ごろ、出発した。スノーモービルで氷原を走ると、冷たい強風を真正面から受け、顔が凍りそう。本当に気をつけていないと、凍傷になってしまう。皆、フェイスマスクやゴーグル、帽子で素肌が出ないように完全武装、土屋さんの後ろに乗せてもらった私は、背中に顔をうずめて、縮こまっていた。

雪原を越え、凹凸《でこぼこ》の氷の上をガラガラ走り、岩の山が氷から顔を出した所を目指す。

五人の隊員は岩場に着くと、スノーモービルから降りて、あっという間に思い思いの方向に散らばる。あちこち歩き回る人、はいつくばってなめるようにのぞき込む人、ハンマーでたたく人……興味は人それぞれ、狙う石も場所も違う。南アフリカの研究者、ジェフ・グランザムさんはひと回りすると、「ちょっと、あっちの岩場を見てくる」とまたスノーモービルを走らせる。

「ガーネットだよ」と京都大の河上哲生さんに呼ばれて、見てみると、黒い石の間に赤茶色で所々キラキラしたものが見える。昭和基地の近くにも見られる〝ざくろ石〟、「南極の宝石を探しているのか」と思ったら、河上さんは「ぼくが興味があるのは泥の変成岩。ガーネットだって泥から生まれたんだよ」と。

泥が地下深くで高温高圧になり、変成してざくろ石のような鉱物ができるそうだ。

しばらく歩き回ると、岩の上に泥のようなものがべっちゃり。ぺりぺりと簡単にはいで採ることができる。

「これがすごく貴重なんです」と河上さん。この泥は、氷河が長い時間をかけ、長い距離を動きながら、下の岩を削り取り、うんと細かく砕いたものだという。ということは、この泥の中にセールロンダーネ山地のありとあらゆる岩石がぎっしり集まっているということ。地質研究者にとっては、「宝石より泥」が貴重なのだ。

*

地質調査の同行二日目。晴れているが、風は夜から昼ごろまで、いつも強風だ。「風がやむ日ってないのか！」って怒りたくなるが、ここは、この風があるから、雪は積もることなく吹き飛ばされ、ツルツルの氷とむき出しの岩の山々が広がっている。それこそが、隕石探査と地質調査の狙い所なのだ。

毎日、寒さと風との闘い。厚着はもちろん、薄手の手袋の上に厚い手袋を重ねてみたり、帽子を重ねたりの試行錯誤。不思議なもので、マイナス十度になっても風が弱まれば、少し暖かく感じるようにもなった。

地質隊員たちは好きな岩場をみつけると、蜘蛛の子を散らしたように思い思いの方向に飛んでいく。アイゼンをつけたままなのに、岩の上をガツガツ、すごい勢いで登っていく。追いかける私は、「はぁはぁ……。そうだ、ここはもう標高千五百メートルを超えているし、気圧八百ヘクトパスカルくらい。空気が薄かったんだ」と気付いた。

岩の頂に登ると、氷河がふんわりとした雲海のように広がり、その彼方には棒がにょっきり突き出たような岩が立っている。不思議な形と広大さ、南極らしい壮大なスケールだ。

ネズミがねそべったような巨大な岩があり、反対側にまわると、垂直な壁がせりたっている。比べるものがないので、なかなか見当がつかない大きさだが、高さ二、三百メートルくらいだろうか。ナイフで削ったような断面は、氷河が削り取った跡という。

真ん中へんに灰色に貫く岩、黒い所に白い線が蛇行し、マーブル模様を作っている。

「マグマが入り込んだ跡。地下深くで起きていたことが、ここまで上がってきたんだろうね」

五億年くらい前、超大陸ゴンドワナが生まれたころくらいに起きたことかもしれない。

地球のとてつもない力をそのまま刻み、壮大なスケールで今、私たちの目の前に現れている、これぞ南極だ。

「地球も生きているんだ」

嵐の前の静けさか、今日は珍しく風の穏やかな日だ。

「あったかいね」と思わず言葉を交わし、それでも気温はもちろん零下！

地質調査同行の三日目、またあのネズミの格好をした巨大岩へ向かった。

早い時刻に行くと、太陽があたり、垂直の壁の模様が見事に浮かび上がっている。すさまじい勢いで高さ二、三百メートルを貫くようなグレーのライン。黒い模様に稲妻のように走る白い乱流。マグマが入り込んだ跡だろうか。

見上げながら、横浜国立大の石川さんと静岡大のサティッシュ・クマールさんが議論している。「崩落しているのは、どうしてだろう」「噴火のようなものがあったのか」「あのあたりは急冷しているね」

何億年前に起きたこと、私たちが暮らしている所の地下深くにあって見ることができないもの、そんなものが、このセルロンには私たちの目の前に現れているのだ。植物も何もない岩のカンバスに描かれた大芸術、あまりにもダイナミックな「筆遣い」を眺めていると、「地球も生きているんだ」という実感がわいてくる。

一方、隕石隊の収穫は、一昨日は十個、昨日は大クレバスに遭遇して冷や冷やしながら、わずか一個と振るわなかった。ところが今夜は、戻ってくるや「どうだったと思う？」と皆の表情が昨日までとまるで違う。「何、何？」と聞くと、「でかいぞ〜！」。佐々木さんが五キロくらいもある隕石を発見！ 雪の上に茶色っぽいものが顔を出していたので掘ってみたら、大きな隕石が出てきたそうだ。しかもその下には小さな破片も七個。

明後日にはまたブリザードが来そうだ。嵐の前に大きな収穫、皆、うれしそう。

とんでもない「地球の楽しみ方」

今回の探査で一個目、珍しいユレーライト、そして今度は大物の五キロ級の発見——佐々木さんの業績はすごい。でも偶然ではなさそうだ。初めての南極で、もちろん隕石の専門家でもない。となると、これは彼の「眼」の力なのでは。

山岳ガイドでありスキーヤー。札幌に生まれ、小学生のころ、冒険家・植村直己の『青春を山に賭けて』を読んだという。「体ひとつで世界に飛び込む姿にあこがれたんだ」

山ガイドの会社に就職し、見習いの傍ら、「何かで日本一を目指せ」という師の言葉に、冬はスキー修行。崖のような雪山を滑るエクストリームスキーの大会では国内外で上位を射止めた。グリーンランド、アラスカ、北米最高峰マッキンリー山頂からのスキー滑降、挑戦は危険と隣り合わせだ。ヘリコプターから雪の斜面、岩の位置を見て、脳裏に焼き付け、山頂から一気に滑り降りる。

「崖から落ちてる！」。出発前、佐々木さんの映画を見た私は、思わず目を覆いそうになった。

「雪崩に巻き込まれた回数で、ギネスブックに載らないかなって思ったんだ。でも危険なことは、ダメみたいだね」と笑っていた。とんでもない「地球の楽しみ方」をしているものだ。雪と氷の色、光と影の微妙な違いを読む目が、生死を分ける。それが南極でも功を奏しているに違いない。

「なんで南極に行きたいと思ったの？」と聞くと、予想に反した答えが返ってきた。

「研究者が望むことを最大限できるよう、厳しい環境で求められるのが魅力だと思うんだ」。

自分が楽しむのが目的ではない、ガイドとしてのプロ意識だ。格好つけて言っているわけじゃないのは顔を見ればわかる。

　夜空を舞うオーロラ、青く光る氷山、ペンギンたち……大自然の壮大さにあこがれ、南極へ向かう人が多い。でも彼は、仕事場として南極を見ている。凍《い》てつく寒さと強風が体温を奪う、このセルロン。昭和基地から遠く離れた過酷な地での野営、クレバスを避けて氷の上をスノーモービルで走る毎日、私たちの安全を守るのが、彼の使命だ。

佐々木さんと競うように、隕石を次々に発見しているのが岡田ドクターだ。彼もまた、いざというときに私たちの命を守る役目を担う。氷の上にコロンと転がる小さな石をみつける目、こちらは医者としての観察眼なのかもしれない。

ベースキャンプへの帰り道、急にスノーモービルを止めると、氷の上にかがんだ。黒くツヤツヤしたおかしな形の石、丸みを帯びて少しつぶれたような三角形をしている。珍しい鉄隕石だった。

帰り道でも見逃さないとは、「みつけよう」という気合いが違うのかもしれない。

五〜八時間も走り続け、体も芯まで冷え切ったところで、「そろそろ帰ろう」と言われたら、私の集中力はぷつんと切れてしまう。早くベースキャンプへ帰って、暖まりたい。「お腹すいたな」、夕ご飯のことばかり考えているようじゃ、かなうわけはない。

スノーモービル横転、もしやけが？

一月十五日、ブリザードの接近で、重苦しいグレーの空が広がる。昼過ぎから短時間だけ、隕石探しに出かけた。

スノーモービルの後部座席に乗せてもらい、ビデオカメラのスイッチを入れた途端に、右に大きく傾いて、どーんと氷の上に放り出された。横転だ。

時速十キロくらいだったので、ふわっと倒れ、衝撃もなく、体も打たなかったのだが……スノーモービルが私の右足の上に！　やわらかい雪の上ならどうってことないのだが、カチンコチンの氷の上、右膝の下がはさまったまま、「スノモが足の上に、スノモがのってます」とかけつけた仲間に何度も、声をあげていた。ビデオのスイッチは入りっぱなしで、まるで壊れたテープみたいに情けない声がオートリバースしている。どーんと氷の上に放り出されて、真横になった世界、画面いっぱいに前方の運転手のお尻がどすんと落ちてくる——、そんなシーンが映っていた。アザをつくっただけだったから、これも笑い話。たいしたけがもなく、ホッとした。

南極で気をつけなければいけないのはけがだ。厳しい環境でオペレーションを進めていくときに、けがは自業自得ではすまされない。大けがなら隊の予定変更まで迫られ、皆に迷惑をかけることになってしまうからだ。

前十字靭帯断裂！　南極行きの夢消えかけた大けが

スポーツやアウトドアが大好きで、山へ海へと走りまわっている私だが、幸い、けがらしいけがはほとんどしたことがなかった。だが一年前、初めて大きなけがを経験した。

二〇〇九年一月四日、私は白い世界にいた。南極ではなく、青森の八甲田山だ。「また来たな」。なじみの山ガイドや宿の親父さんが迎えてくれる。八甲田の山スキーなくして、冬を迎えた気はしない。雪をかぶったアオモリトドマツがむくむくの「スノーモンスター」に変身し、純白の山肌に広がる。森を抜けて田茂萢岳《たもやちだけ》山頂まで登り、滑り始めてすぐだった。スピードが緩みかけたところで、深雪にスキーのトップが突き刺さった。「あっ、まずい」。バランスを崩して転んだ瞬間、「びりっ」、右膝にイヤな感触が走った。はずみでブーツが板からはずれてくれれば良かったのに、運悪くついたまま。右足をねじって倒れてしまった。右足全体にぐわ〜んと痛みが響いて動かせない。

「大丈夫?」。ガイドや一緒に滑っていた仲間たちが寄ってきた。

「まあ、なんとか」。本当は大丈夫じゃない。でも立ち上がり、そろそろ滑り出してみた。「なんとかなるかな」と右足に力を入れた瞬間、「びりっ!」、かくんと膝の力が抜ける。「靭帯《じんたい》やられたかもしれないぞ」と言われて、どきっとした。明らかに何か変だ。下までは相当の距離がある。でも自力でなんとか滑ってみよう。右足に力を入れられず、スキーは浮かせて添えるだけ。左に曲がれないので、斜めに滑っては切り返し、ほとんど左足一本の滑りだ。木々の間を縫うように枝をよけ、時間をかけて下までたどり着いた。

「すぐ病院へ行った方がいい。靱帯やられていると、やっかいだぞ」

ガイドの親父さんが言った。悔しい。しばらくはスポーツもできないだろうし、いやそれより完治できるだろうか。最終便で羽田空港へ向かいながら、不安でいっぱいだった。

翌日、痛みは増していた。右足をひきずりながら、そろそろ歩く。地下鉄を降りると、エレベーターがない。「ここ上がるの?」。階段の上にのぞく空をうらめしく見上げた。

病院の待合室で流れる時間は長い。ようやく呼ばれて整形外科の診察室へ。「どこまで曲がる?」。九十度がやっとだ。医師は、ひざより上と下の部分を両手で抱えてくりくり動かした。「緩い感じだね」。右膝は腫れあがっている。X線画像を透かしながら「骨に異常はないです。靱帯が切れているかもしれないのでMRI診断を予約しましょう」。

三日目。膝が曲がらない。腫れがひどくなり、歩くのにも時間がかかる。エレベーターもエスカレーターもない所は腹立たしくなる。「体の不自由な人がどれだけ苦労しているか」。スポーツ選手にけがの話を取材したこともあった。でも、その苦しみを本当はわかっていなかったのだと、痛みを知って初めて気付いた。いずれはよくなるだろう。でも、今までのように山に行けるのか、スキーはできるのか……。考え始めると、不安は尽きない。パソコンの検索サイトに「靱帯損傷」と打ち込んだ。「スポーツ選手がよく遭遇する」とある。スケートの高橋大輔選手、バレエダンサーの熊川哲也……有名選手らの名が並ぶ。選手やプロにとって、けがはどれほどショックか。私でさえ不安いっぱいなのだから。「体力勝負の記者」なんて自負していたのに、あと何の取り柄が残るだろう。靱帯損傷なら手術になるかも。検査前から心配しても仕方ないのに、考えずにはいられない。

一月十五日、生まれて初めてのMRI検査。ガガガガ、ゴーゴトゴゴト。工事現場のような変な音が断続的に響く。微動だにせず、じっと耐えるのも大変だ。

結果は一週間後、診察室に入ると私のMRI画像が映し出されていた。「切れてますね。前十字靱帯断裂です」。画像に靱帯が白くぼわっとにじんでいる。「靱帯は一度切れると二度と戻りません」。血の気がすうっとひいた。「バレーとかスキー、ラグビーとかで切る人はたくさんいます。スポーツはまたできますが、膝が緩くなることもあります」

「靱帯は戻らない」――。その言葉が頭の中にこびりついた。けがも病気も無縁だったのに、体のパーツが壊れた。元に戻らない。なんとか使えるけれど、欠陥品になってしまったような、そんな気分だ。

医師は続ける。「痛みは必ず消えます。将来これが原因で痛むこともないです。スポーツ選手で切れている人はたくさんいます。現役で柔道をやっている選手もいます。手術をしないで続けている人も」。そんな言葉に励まされた。

「どんな激しいスポーツでも?」と聞くと、「大丈夫。炎症が治まって痛みが消えたら、運動してかまいません。そのときに『膝が緩くなる』感じがあるか、耐え難いか、その具合をみて、手術が必要かどうかを考えてください。急ぐ必要はありません」

それから一カ月、心を決めて診察室の扉を開けた。「不安を残すより、早く手術してしまおう」。ところが医師は「選手ならともかく、今の段階で手術しない方がいいのでは」と意外なことを言う。私のもものふくらはぎ近くをつかみ、かくかく膝を回すように動かした。分度器をあてると、「百四十度も曲がりますよ。正座もあとちょっと。問題ないです。痛みがあるとすれば関節炎の残り。激しいスポーツもしても大丈夫です」と言った。

「十一月から海外へ行くことになるかもしれないので、手術するならその前になんとか治したいんです」。南極なんて言うとややこしいから、今は「海外」とでも言うしかない。「入院ってどれくらいですか?」と聞くと、「三週間ですね。半年はスポーツ禁止、完全に治るまで一年かかります。手術は百パーセント完全とは言えないものです。もちろん九十九パーセントは安全にやりますが、麻酔も使いますし、体に負担もかけます」と医師は説明する。「本当に手術が必要かどうか、このまま激しいスポーツもやってみて、どうしてもというときに考えればいいです。半年先でも、一年先でも全然遅いことはないんです」

手術の覚悟を決めていたのに肩すかしだった。でもそんなに長い治療で仕事に支障が出ても困る。医者が言う通り、あまりいたわらずにがんがんやってみればいいのか。

体脂肪や筋力の測定器に久しぶりにのって驚いた。体脂肪は十四パーセントから二十パーセントにまで増えている。足の筋力もがた落ちだ。一カ月半のブランクがこんなに響くとは！南極への道のりが、前十字靱帯損傷からの復帰への道のりと重なるみたいだ。

まず上半身から筋力トレーニング、合気道の稽古も再開した。ジョギングも少しずつ距離を延ばした。前十字靱帯損傷用サポーターをつけてゆっくり。三月、再び病院を訪れる。

「山登って、スキーして、皇居二周しました」と元気いっぱい報告した。「だんだんわかってきました。まずいかなって思うのは、膝が内側に入って伸びる瞬間ですね」

「がくっと抜ける感じがするかも。止めがきかないから」と医師は言う。「筋が柔らかくなれば正座もできるはず。もう来る必要はないですよ」。手術なしでどこまでいけるのか。どっちにしろ、今から手術では南極行きに間に合わないし、これで乗り切るしかない。

その後のトレーニングで四カ月後にはハーフマラソン完走！　以前に近いレベルまで取り戻せた。不安な毎日を過ごした最初の一カ月からは、考えられない快復だ。

何よりも、けがの怖さを知った経験だった。けがはしないのが一番、しないように気をつけるのが大切、そして万が一けがをしても、希望を捨てないことも大切だ。

南の島のドクター、凍傷初体験

隕石探査中のスノーモービル転倒！「まさか大変なけがなんてことには……」、放り出された瞬間、八甲田の雪の中に放り出されたシーンがフラッシュバックする。いやここは雪山じゃない。横に九十度ひっくり返って見えるのは、セールロンダーネ山地の氷原だ。

「大丈夫？　どこらへんが痛い？」

氷の上に倒れた私に声をかけたのは岡田ドクター。ただの打ち身だろう。でも、医者がすぐかけつけて診てくれると、安心感も増す。「とりあえず骨には異常なさそうだね」

この落ち着きぶりと、安定感が、患者にとっては相当なプラスになるんだろうなと、岡田ドクターをみていて思ってしまう。真面目で不平不満も口にしないし、人の悪口も言わない。かといって冗談が通じないほど堅いわけでもなく、そこそこノリもいい。南極は初めてでも、「この人は越冬隊向きだろうなぁ」と思えてくる。

沖縄県西表《いりおもて》島の県立西表西部診療所で七年間、ありとあらゆる病気やけがを診てきた人だ。医者一人、看護師一人の島の診療所。「急に熱を出した」と幼い子どもが運び込まれてくることもあれば、ご高齢の方を家で看取るところまで、人々の生活や人生そのものにまで向き合う地域医療に勤《いそ》しんできた人だ。

そんな岡田ドクターにも、診療の経験がないものがあった。数日前のこと、探査から戻って、ゴーグルとフェイスマスクを脱いだ顔を見ると、目のすぐ下のほおが濃い茶色になっている。十円玉くらいの大きさだ。「あれ、凍傷じゃない？」「日焼けじゃないの？」

「えっホント？　鏡ある？」とあわてて自分の顔をのぞき込んだ岡田ドクター。「日焼けじゃ
「違うよ。日焼けはしているけれど、そこだけ色違うじゃない」「ごわごわしてない？」「そうだね、凍傷だよ」。周りには凍傷経験者がたくさん。皆が「凍傷だ」と言うのに、本人はなかなか認めたがらない。何しろセルロン隊では、凍傷患者第一号になる。

「もしかして、凍傷って診たことないんじゃない？」と思わず、私は尋ねた。

「うん、凍傷だけはさすがに診たことないね。沖縄じゃ、凍傷になる人いないからね」

どっと笑いが起きた。

「セルロン隊初の凍傷！　それも自分で初めて見る凍傷なんだ！」。さすがの名医でもこんなこともあるわけだ。「日焼けじゃないのかな……」と往生際悪くぼやいている岡田ドクターに、「写真、撮らせてね」と私はカメラを向けた。初めての凍傷、半分困りながら、ちょっとだけうれしそうな顔にも見えた。

楽じゃない吹雪の野外トイレ

翌朝、セルロンはまた白いベールに包まれている。昨夕から風がどんどん強まり、ブリザードがやってきた。すぐそばのテントですら、吹雪で白くかすんでいる。

バルヒェンにいる私たち隕石隊や地質隊と百キロ以上離れた所にいる地形隊の三人に、連絡を入れて様子を聞くと、「強風でテントが壊れて大変だ」と話していた。

昭和基地にいるテレビ朝日の二人からは、「ブリザードで外出注意令が出た」とメールが届いた。夏では珍しいことだ。

あちこちに展開している五十一次隊、皆、猛吹雪に閉じ込められている。

こんな日は寒い野外で一日過ごさないですむとはいえ、外に出なくてはならないこともちろんある。それはトイレ!

当初、私たちはモジュール内の一角にすえたトイレを使っていた。用を足したあとにスイッチを押すと、便器の内側にはったビニールが、すすっと吸い込まれるように下りていく。熱で口をとめて、袋詰めにしてくれる。ただ毎回、ふくらんだポリ袋が一個ずつできるので、ゴミが増えてしまう。自然に返らないものだし、持ち帰りのことを考えると、荷物も減らした方がいいと、ペール缶トイレを使うことになった。人が一人立って入れる小さなテントの中にペール缶がひとつ。ポリ袋が一枚入っていて、用を足すと紙で覆って、次の人はその上に重ねていく。「〇〇〇のミルフィーユ」と呼ぶ人もいる。美しくないが、なかなか見事な表現力だ。ただ、どんな吹雪でも、「小」は野外だ。男性陣は、強風の中でどうしたら飛び散らないか、「風速がわかるようになった」なんて、話題でひとしきり盛り上がっている。唯一の女性、私の悩みは、〝寒いこと〟だ。

服を脱がずにすむ男性は「便利だなぁ」って、このときばかりはうらやましくなる。

遺書を綴った隊員

「セルロンの中部で、まさかあんなにひどい風が吹くとは……」

「東部のバルヒェンの方がひどいと思っていたよ」

昭和基地で天気図をにらんでいた気象隊員も驚いた。地形隊のキャンプ地は私たちがいるバルヒェンから百キロほど、だがブリザードの威力の差はとてつもなく大きかった。

一月十六日、吹雪で地質調査に出られなかったインド人のサティッシュさんは、じっくり時間をかけて、特製のカレーをことこと煮込んでくれた。野外生活でなんともぜいたくな「本場の味」をいただける喜びを、私たちがかみしめていたその夜、離れていた地形隊は、ブリザードの猛威に見舞われていた。三浦英樹さん、菅沼悠介さん、橋詰二三雄さんを襲ったブリザード、そのとんでもない破壊力は私たちの予想をはるかに超えていた。

地形隊の狙いは、数万〜数百万年前の地球の姿だ。氷がとけて岩が顔を出したのはいつごろか、つまり南極大陸が今よりもっと厚い氷で覆われていた時代、逆に氷がとけて海に流れ込み、海面が上がった時代はいつかを探っている。「南極大陸の氷が、地球全体の気候変動にもかかわっているかもしれない」とリーダーの三浦さん。その証拠を探し求め、標高約二千〜三千メートルの山を登っては何十キロもの石を採り、担いで下りる毎日だ。

十五日は、セルロン中部のエリス氷河の上だった。それぞれのテントにこもり、シュラフに潜り込んでも、風は激しさを増すばかり。テントをばたばたと揺すり、まんじりともせず、夜が更けていく。ばらばら、ガタガタと、風の音にまじり、何かすさまじい音が聞こえてきた。

「何だろう？　でも今、テントから出て見に行くのは、あまりにも危険だ」

朝を迎え、テントの入り口のファスナーを恐る恐る開けて、顔を出してみると、皆で使っていた食事用テントがなぎ倒されていた。ポールは折れ、生地はぼろぼろに裂け、中にあった物は散乱している。ふと見ると、風上に頭を向けて並べていたスノーモービルの一台が横倒しになっていた。「風が？　まさか？」と目を疑った。重さは二百キロ以上もある。これほどの威力なら、風は毎秒二十五メートルを超えていただろう。でもなす術はない。かろうじてふんばっている個人用の小さなテントに身を隠したまま、この風が収まるのをただじっと待つしかない。南極が初めてだった若い隊員は生きた心地もしなかったという。

「お父さん、お母さん、ありがとう。幸せでした」。フィールドノートに遺書を綴った。小さなテントにこもり、吹雪が去りゆくまで四日間を過ごすこととなった。

いくら食べてもやせていく

一月十七日、バルヒェンの風は少し穏やかになったかなと一瞬思うと、また「ヒュー、ゴォ～」とうなりをあげる。毎秒十～十五メートルの風が息をしながら、地吹雪は続いている。

早いもので、セルロン滞在も折り返し時点を過ぎた。隕石も五百個まであともうちょっと。

「早く探しに出たいね」と皆、外をうらめしそうに眺めている。

今日も探査は断念、ベルギーの二人が特別に夕食を作ってくれた。おいしかった！

セルロンに来て、私は食べる量がびっくりするほど増えた。東京にいるときの一・五倍？多いときは二倍くらいかもしれない。探査に出れば、一日八～九時間も零下の野外で寒風に吹かれ、エネルギーの消耗が激しいからだろう。

皆も食べる量は増えているという。でも「いくら食べてもやせるよね」という声がもっぱらだ。中には十キロくらいやせたという人もいる。でも私は……あまり変わらない。いえ増えているかも？　燃費がいいのかな。

ここでの食事の大半はフリーズドライだ。「しらせ」を下りるときに持ち込んだ生のタマネギやジャガイモ、ネギは残りわずか、冷凍の肉も少し。レトルト品ならまだたくさんあるし、日持ちもする。でもこういう食材の問題は、運ぶときの重量だ。

地質隊と地形隊は航空機を利用し、十一月に先に南極入りした。スノーモービルでそりをひきながらの移動で、重たい大量の食料を持ち運べない。冷凍品を解凍する電子レンジももちろんない。そこで登場したのがフリーズドライだ。

日本で見慣れているのはインスタント麺に入っているネギや卵、肉などの具材くらいだろう。でも、セルロン隊が持ってきたのは実に豊富なメニューだ。すき焼き、シチュー、海鮮春雨、焼き魚、卵とじ……。口の中でふわっととける甘い感触、南極でウニの刺身なんて、なんともぜいたくだ。マグロの刺身はちょっといただけなかった。どういうわけかスジが残る。ホタテは刺身でも、料理済みでも、戻りは完璧だ。

刺身から揚げ物、煮込み、焼き物まで、こんなにいろんな物をフリーズドライにしてみようと思った人たちも、日本中、いや世界中そうたくさんはいるまい。でもセルロン隊にとっては、軽い、わずかな水や湯だけで数分で戻る、簡単、長持ち――そんな条件を満たしてくれる逸品だ。生ゴミが出ないのも、野外生活では大助かりだ。

四十九次隊でセルロン地質調査が始まるとき、フィールド・アシスタントとなった阿部さんらが考え、長野県安曇野市にある「日本エフディ」社や調理隊員たちが協力して作った。五十次隊ではメニューも多彩に、試行錯誤を重ね、今回五十一次隊では知床産エゾシカの焼き肉、礼文《れぶん》産ウニや猿払《さるふつ》産ホタテの刺身も登場した。

その仕込みの現場を昨夏、私ものぞいてみた。今度は私のお腹にも入るものだし！

照りつける夏の日差しの下、工場の前に建つプレハブ小屋の中で、五十一次隊調理の鈴木文治さんや北島隆児さんたちは頭にタオルをまいて、包丁や鍋を握りしめていた。

「ぼくたちが南極に着くころ、野口さんは宇宙」「このフリーズドライを食べていたらうれしいよね」

なんと、国際宇宙ステーション（ＩＳＳ）行きのフリーズドライも仕込んでいた。滞在を予定している野口聡一さんが、「寿司を握って同僚に食べさせたい」と話したことから、ＩＳＳ向けの刺身も一緒に準備することになったのだ。

取材を終えた私も、「ちょっとは手伝いもして帰ろう」と、持参したエプロンをつけたところに、ウニが運ばれてきた。

「猿払産だよ。ほら」。みずみずしい鮮やかなオレンジ色が袋からのぞいている。「これ、取り分ける?」

「やります!」。これなら失敗なさそうな作業だ。とはいえ、細かい。

「きっちりグラム単位まではかって、トレーに入れて」と測りと容器を渡される。「こっちはJAXA行き分で、こっちがセルロン隊分」

宇宙航空研究開発機構(JAXA)から米国へ送られ、ISSへ打ち上げられるらしい。私がスプーンで取り分けるこのウニが宇宙まで行くなんて、誰かに自慢したくなる。

観測隊の派遣元の極地研とJAXAは最近いい関係だ。共同で医学研究も始めている。一カ月半も太陽に当たらない極夜《きょくや》、帰りたくても絶対に帰れなくなる昭和基地の越冬暮らし、閉鎖環境、ドームふじ基地への遠征やセルロンでの野外観測では一カ月以上風呂に入れなくなる——。この特殊な生活環境こそ、ISSの長期滞在との共通点がいっぱいある。

セルロン隊は飛行機での先入り組が二カ月以上風呂に入れないこともあって、皮膚についた細菌を採り、便で腸内細菌を調べる。透明なシールを首筋にぺたっ、腕にぺたっ、と体のあちこちに貼ってはがして、菌を採る。ISSに滞在する宇宙飛行士の健康管理に役立てるため、セルロン隊員がモルモットとなって実験するわけだ。

私たちがちょうど南極の氷の上にいるとき、野口さんは宇宙にいる。「そちらでも、ウニ食べてますか?」なんて、衛星電話で交信できたらおもしろいなと、出発前、JAXAに持ちかけた。話を聞いた野口さん自身は乗り気だったらしいが、簡単にはいかなかった。「野口さんがISSでやる実験や活動は、全国から公募し、ずいぶん前に締め切られました」とのこと。「一応、NASAにも連絡はしてみます」と担当者は言ってくれたものの、結局その後は音沙汰なしだった。

なんで南極に隕石が集まる?

一月十八日、風と雪は収まってきたが、あたりは白い世界、まだ本格的に隕石を探せそうにない。氷の上を三時間ほど歩いてみると、一センチにも満たない小さな焦げ茶の石をみつけた。「もしや……」と採取したら隕石! 今日みつかったのは、あともう一つ、もっと小さな隕石一個で、皆で合わせてもやっと二個だった。

それにしても、「なぜ南極でそんなに隕石がみつかるの?」と、不思議に思う人もいるだろう。南極には隕石がほかよりたくさん降る——なんてことは、もちろんない。

南極の氷の上、しかもセールロンダーネのような山地には、隕石が集まりやすい秘密があるのだ。南極大陸に積もる雪は、氷となり、長い年月をかけて、低い海の方へ向かって流れていく。落ちてきた隕石は雪の中に沈み、やがて氷の中に閉じ込められる。その氷がゆっくり流れていく途中で山にぶつかると、日差しや風を受けて消える。これを「昇華」という。聞き慣れない言葉だが、冷凍庫に入れっぱなしにして忘れてしまった氷を思い出せばいい。いつの間にか小さくなってしまっている。そうやって氷が消えていくと、中から隕石が顔を出すのだ。私たちが歩いている場所は、そんな裸氷の上というわけだ。

南極では一九一二年にオーストラリア隊が初めて隕石を発見したそうだ。その後は五個みつかった程度だったが、日本は一九六九年に十次隊がやまと山脈で氷の動きを測量中、偶然、九個を発見した。その後、隕石が集まるメカニズムにいち早く気付いて、二〇〇〇年までに一万六千二百一個を集めた。長いこと世界一だったのに、探査を毎年続けていたアメリカ隊が二〇〇七〜〇八年の収集で一万六千七百八十個に達して、一位を奪われてしまった。米国が集めた数はもう一万八千個くらいになっているらしい。

日本は私たち五十一次隊のあともまた隕石探査を計画していると

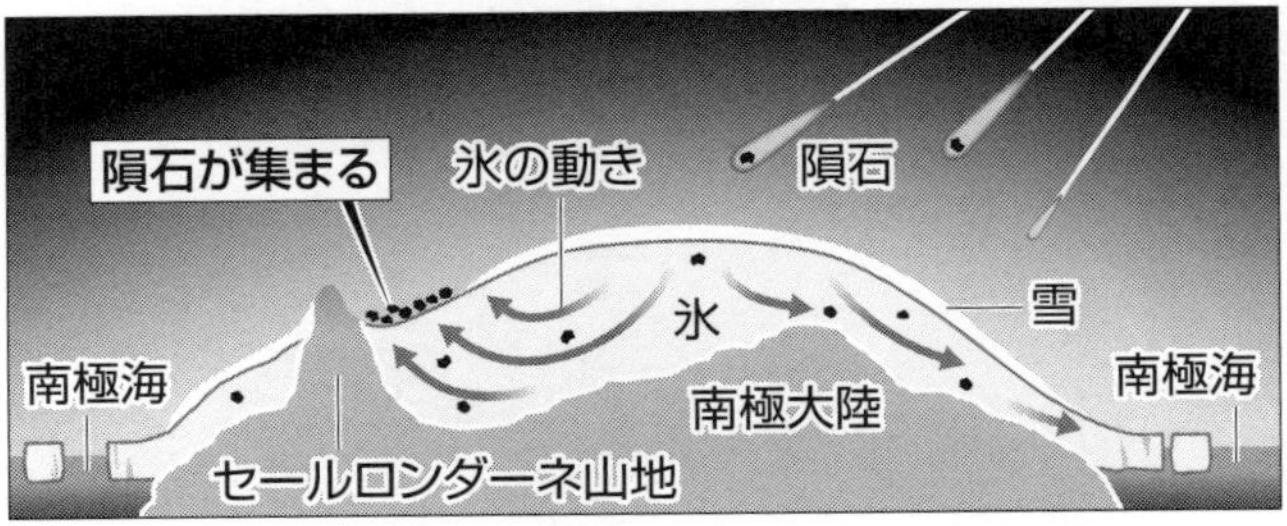

いう。

目指せ、世界一奪還!!

隕石に人生を賭けた男

「これは隕石ですか?」。ようやく南極の石と隕石との見分けがおおよそつくようにはなってきたものの、やっぱり小島さんに鑑定してもらうまでは、自信が持てない。

透明な袋の上から、ちらっと見ただけで、うなずく。たいがいは、すぐわかるらしい。このお墨付きをいただいて初めて、「よっしゃ! 隕石ゲット!」と喜べる。

小島さんは、長野市のリンゴ農家に生まれた。「どうやって手に入れたのかな。子どものころ親類から、南極の石をもらったことがあるんだ」と話していた。

「南極へ、いつか行ってみたい」。少年の心に芽生えた夢が、秋田大鉱山学部に進み、隕石探査の先駆者である先輩との出会いで現実となった。その先輩とは、南極の山地で、氷に運ばれた隕石が現れる仕組みをみつけた矢内桂三氏。頼み込んで、二十七歳で初めて南極行きのチャンスをつかんだ。そのとき、二十次隊の探査では合計三千六百九十七個も集めたという。

やまと山脈、ベルジカ山脈、そしてセールロンダーネ山地、隕石がみつかるのはいつも、クレバスが潜む危険な氷原だ。隕石探査で世界のトップを走っていた日本隊は一九八九年、大きくつまずいた。雪上車がクレバスに転落し、三人がけがをして緊急搬送される大事故が起きてしまった。それから十年、本格的な探査は中断を余儀なくされた。

隕石探査なんて国内でできるはずもなく、小島さんは南極へ来る前、花崗岩《かこうがん》や変成岩を見ていた。「地球の石から隕石へ、六千万年前から四十六億年前にシフトしたってわけ」

「せっかく隕石研究者として出発したのに、探査に行けなくなって大変でしたね」と私が言うと、「いやそうでもない。その間ずっと、集めてきた隕石を分類できたから」。

太陽系が生まれたときに漂うガスや塵が集まった始原隕石・コンドライト、小惑星になってから天体が衝突してきて飛び出した隕石、そして火星や月の隕石……、日本隊が集めた隕石は、収集数世界一を誇った一万六千二百一個。薄片を作り、分類して解析するには、膨大な労力と時間がかかる。まだすべては終わっていない。

「世界で一番多くの隕石を見てきただろうね」。その目が今、氷の上で最大の武器となっているわけだ。

小島さんは五十八歳。身を切るような寒風にまる一日さらされながら、スノーモービルで走り続ける。分厚い防寒靴の中でも、足の指先は感覚が薄れていく。キャンプ地に戻れば、水作り、食事作りから片付けまで手伝ってくれる。南極に来るからには、体力があるのはもちろんだが、「よくマメに動くものだな」と、感心してしまう。

「隕石研究者はたくさんいても、南極へ来て隕石を探せる人って日本でも数人くらい」と海田さんが教えてくれた。「南極に来なくても、隕石が手に入れば研究はできるから」

地質の研究者なら、狙いの石がどんな所にあり、どんな変成を受け、岩石帯はどのような構造でつながっているか……、現場へ行って、自分の目で見なければ話にならない。でも隕石は、どこでどんな状態で落ちていたという情報は、解析するにあたって重要不可欠というわけではないらしい。

雪や氷を集めて水を作り、長いこと風呂にも入れない極寒の世界での暮らし。国内の暖かい部屋でも、研究はできるのに、なぜわざわざ南極まで？

「そりゃ楽しいから。何億年も旅してきた隕石に、氷の上で出会える喜びは、みつけた者しかわからない。どんなに寒くたって帰りたくなくなる」。白く伸びたひげの奥の唇が緩んだ。

隕石探査は来年お休みし、その次の年からまた始める計画があるらしい。「海田、次はお前がリーダーだからな」と後継者を指名、「南極はもう最後かな」とつぶやく一方で、「水星と金星の隕石は、どうしてもみつけたい」。その夢は諦めていない。数年後にまた、極寒の氷の上をやっぱり走っているのかもしれない。

亡き姉からのご褒美

吹雪と強風で足止めを食らった隕石隊、「よし、今日こそは五百個突破だ！」。まだ風の強い中、しっかり着込んで、気合いを入れて探査に出かけた。

私はカメラとビデオを抱えて、スノーモービルの後部席で揺られていた。撮影の手を休め、なんとなく左前方を見た瞬間、黒っぽい石に視線が吸い寄せられた。「あれ！」と、反射的に声をあげて指さした。運転していた阿部さんがハンドルをきって近づいてみると、紛れもなく隕石！　それも、拳大だ！

「やったぁ！」

大きいとうれしさも倍増だ。ちょっと不思議な気もした。実は今日、一月十九日は亡くなった姉の誕生日。一緒に撮った写真を朝、ザックに入れてきたのだ。

「やっぱり、お姉ちゃんがご褒美くれたのかな」

手のひらの上にずっしりした重たさを感じる。「ありがとう」と心の中で告げた。

寒さに凍えても、風呂に入れなくても、寝不足でも……あれもこれも大変でも、ここにいられることがどれだけ恵まれて、幸せなことか！　いろんな人たちに感謝しなくては。

その後、私を乗せていた阿部さんも続いて二個、大きな隕石を発見。

「なんか今日は違うぞ」。皆も順調に数を稼いで合計四十二個、目標の五百個を突破し、とうとう五百十六個になった。小島さんも当初、「今回の探査では三百〜五百個くらいみつけられたらいいかな」と言っていたので、日に焼けた顔をほころばせていた。

探査できる日数も時間も限られた中、素晴らしい実績だ。

早いもので、バルヒェンでの隕石探査・地質調査もあとわずかになってきた。でも、まだ残された時間で皆、やりたいことはいっぱいだ。

人の一生は〇・五四八秒

雪は天から降って来るものではなく、ここでは下から舞い上がるもの。強い風はやまず、山の斜面では、雪が白い煙のように岩をなめながら登ってくる。まさに地をはう「地吹雪」で、ザックやカメラを足元に置こうものなら、たちまち雪まみれになってしまう。

今日はまた地質調査に同行した。

「この岩の跡は、氷河が削り取ったもので……すごく最近のことだよ」

「〝すごく最近〟って、いつですか?」

「一万五千年くらい前かなぁ」

「えっ？」。隊員たちと話をしていると、時間のスケールのあまりにも大きな違いにびっくりさせられる。

この氷原にそびえるセールロンダーネの山々。私たちの目の前に立ちはだかるその岩肌、足元の岩は五億年くらい前。超大陸ゴンドワナ大陸が生まれ、どう変わっていったのか……地質研究者がそんな話をしているかと思えば、「五億なんて若い、若い」というのは隕石研究者だ。南極でみつかる隕石の多くは「コンドライト」、四十六億年くらい前のものなのだ。

地球の年齢、約四十六億年を一年としたら、人間の一生ってどれくらいだろう？

一月一日に地球が誕生、三月下旬に原始の生物が現れる。恐竜の繁栄は十二月半ばで、人類の誕生となると、大晦日の夜。八十歳まで生きても、たったの〇・五四八秒！

地球や惑星を語るとき、私たちの時間のスケールから、想像が及ばないのも無理ないかな。

不思議な形をした岩が氷から顔を出しているセールロンダーネ山地、高い所だと三千メートル近くになるが、その半分くらいは氷の下だ。

「高い峰の上に立って、雪や氷が全部消えた姿を見てみたいなぁ」と言ったら、「あと百万年くらい生きてみたらいいよ」と言われた。

＊

氷の上に黒い石がころん。隕石と思って、拾って雪上車に入れておいたら、温まってとけて、臭い出した――。そんな話が南極観測隊の間に伝わっている。

「あれは本当の話ですか？」

小島さんに聞いてみると、「半分までホント」。

その昔、やまと山脈で隕石を探していたとき、氷の上に黒くて丸っこい石をみつけて、「おっ、隕石だ」と拾ったそうだ。でもやけに軽い。すぐにその正体がわかって、投げ捨てたらしい。前に来た隊が残したものだったようで、「〝糞石〟だった。からっからに乾いて、全然臭いもしなかった。フリーズドライだね」。

雪上車の中でとけ出したという話は、あとでついた〝尾ひれ〟だったようだ。

ここにあるのは雪と氷と岩だけ。土壌がなく、分解してくれる微生物もいないので、そのまんま凍結乾燥されてしまうわけだ。

セルロンに前に隕石探査が来たのは十九年前。私たちは〝糞石〟には巡り合ってないが、前の隊が目印に立てていた竹竿は何本もみつけた。ワイヤーや燃料缶などの落とし物も。色が変わってはいるものの、古びた感じはなく、数年前みたいな状態だった。

隕石を拾った同じ所でも、二十年くらいたつと、氷が流れてきて、昇華して消えて、新たな隕石がまた現れてくるという。

私たちが、やむを得ず残してしまっても、「どこかにそのまま流れ着いちゃうんだね」。「百年後かな？　千年後かな？」

この純白の世界に、できるだけ残したくないものだ。とはいっても……トイレを我慢するのも体に良くない。いやぁ実は今日も、寒くて最後はつらかったぁ。

寒風吹きさらしの広大な氷原をひたすら走る隕石探査では、トイレに行くにも隠れる所がない。クレバスがあるのでハーネスをいつも装着している。登山用の安全ベルトで、はくようにつけているので、はずさないと用は足せない。上着も脱いで、手袋はずして……と考え出すと、面倒くさくなり、「あとちょっと我慢すればいいか」となってしまう。水分は控え目にしているものの、零下の野外で七時間も寒風に吹かれていると響く。ベースキャンプに着くや、トイレ直行！　それも結局、岩のかげ、野外なのだが。セルロン隊総勢十七人、女性は私一人。よく聞かれるのが、「女性一人じゃ大変でしょう？」。

四十五次隊で越冬し、帰国したあとも、「観測隊に女性はいる？」「女性が少なくて大変じゃない？」とよく聞かれた。私にはぴんとこない。高校は、男子が女子の三・五倍もいたし、職場も取材相手も男性が多い。山に行っても、合気道をしても、やっぱり周りは男性が多い。そんな環境で育ってきたものだから、男性社会で女性扱いされないのが、私にとっては自然なことで、気が楽だ。むしろ女性ばかりが集まる場の方が緊張する。

観測隊の男性隊員たちも、目の前にいるのが女性という意識はちっともなさそうだ。見えないところで、気遣ってくれているのかもしれないけれど。

「女性だから大変」と感じることはあまりないが、全然ないわけではない。「男だったら良かったのに!」と切実に思うことがある。それはやっぱり野外でのトイレだ。

なんたって、寒風がびゅーびゅー吹き付ける中で、男性はパンツも脱がずに、素早くすませられるのだ。小ならトイレットペーパーも不要。なんて便利なんだろう! 女性は圧倒的に不利だ。まず、隠れる場所がない、だだっ広い、つるんつるんの氷原の上でも、男性は後ろを向くだけでいい。女性は後ろを向いたところで、お尻は丸出しだ。岩場を歩きまわる地質隊に同行するときは助かる。皆が夢中になって石を探している最中に、大きな岩をみつけて、こそっとかげに隠れ込めばばっちりだ。冷たい風も避けられる。でも、氷原を行く隕石隊ではそうはいかない。「トイレに行きたくなったら、スノモ使っていいよ」とは言ってくれるのだが、「じゃあ、行ってきます!」とびゅーんと走ったところで、遠くに離れるだけのこと。しゃがんで用を足している姿は丸見えだ。

同じ南極でも、雪の上と氷の上では違う。じゅわっと染み込んでくれる雪だと助かる。雪をトイレットペーパー代わりにしてみたこともある。ひやっと、思わずすくんでしまうが。かたや氷の上は、ポジショニングからして大変だ。滑らないように注意して場所を決め、しゃがみ込む。強風がビュービューと絶え間なく吹き荒れるセルロンでは、風向きも要注意だ。オーバーパンツや登山靴にひっかかったら大変。汚しても洗ったり、はき替えたりできないし。「これならOK」と体勢を決めても、はっと気付けば、黄色の液体は自分の靴めがけて、がちがちに凍った氷の上をすうっと流れて行く。「やばっ！」と向きを変えようと焦って、滑って転びそうになる。一人パニくる、なんとも情けない我が姿……。

「下着問題」では、私は密かに女性ならではのひと工夫をしている。隠れ技は、パンティライナーだ。洗濯はもちろんできないが、かといって日数分の下着を持って行くわけにもいかない。はきっぱなしは、いくら何でも避けたい。だったらデリケートな部分だけ、毎日きれいにすればいい。生理用ナプキンでは、蒸れてかぶれてしまいそうだが、それよりずっと薄くて小さく、使い捨てできるパンティライナーはなかなかいい。

旅行用品店で昔みつけた紙パンツも、荷物に突っ込んできた。数日は、はけるかなと試してみたら、ほとんど一日で破けてしまう。使い捨てだから破けて当然なのだが、紙パンツとはいえ、今、自分がはいている下着が破けているのって、なんとなくみじめな気分になってきて、楽しくない。

パンティライナーを毎日取り替え、少し古くなった下着を何日かつけて、くたびれたところで捨てていく――アウトドア経験から編み出した、これが私スタイルかな。

吹雪に閉じ込められ

一月二十二日、空は晴れているのに強風、地吹雪、また、また、まただ。セルロンにいられるのも、あと少しなのに……。

朝起きたら、私のテントの入り口に雪がどっさり。出られない。ばさばさ落として、やっと出られたと思ったら、雪がゴォーと吹き付けて顔もあげられない。背中に風を受けながら、後ろ向きに歩いてモジュールにたどり着いた。

もちろん隕石探査にも、地質調査にも出られなかった。

「こんな日は、写真や動画の整理をしなくちゃ」とパソコンを広げてみるが、もちろん電気はいつでも十分に使えるわけではない。

セルロンでの調査が三年目になる地質隊は、スノーモービルでの移動とテント暮らし、電気の供給は太陽光での発電だ。シート式のパネルは持ち運びに便利で、太陽が沈まない南極の夏にはぴったり。でも風が強いと、ばたばたあおられて断線してしまうので、そりに貼り付けて固定している。天気が悪くなってしまうと出力も落ちるので、「充電させて」とパソコンや衛星電話を、持ってくる人もいる。

ベルギーの雪上車に輸送を支援してもらった隕石隊は、発電機を持ち込んだ。朝食、夕食の前後に動かしている。機械担当の千葉さんが、ガソリンの発電機（二・五キロワット）と軽油の発電機（三・一キロワット）を、天気や調子をみながらどちらかのスイッチを入れる。モジュールの中で電気がある生活だと、普通の建物の中で暮らしているようだ。冷蔵庫も電子レンジも使えるし、朝はコーヒーメーカーでコーヒーを、お湯はポットでわかせる。

でも午後十一時ごろには消灯。一日が終わるころ、パソコンを広げて、ホワイトメールを書き始める私は、「電気切りますよ」と千葉さんに言われると、つい「えっ〜」と恨めしげに言ってしまう。充電はできているので、本当は困ることはないのだが。

私の仕事はパソコンにカメラ、ビデオ、衛星通信器材、電気を使うものばかりだ。電気がないと大変だ。ここに来る前は、四十日もの野外生活で、どう電源を確保できるか不安で、東芝からパソコンと、充電できる大容量のバッテリーSC-iBも提供してもらった。

壊れたり、故障したりしたら大変と器材は予備を含め、多めに持ってきた。案の定、キヤノンに貸していただいたカメラのレンズキャップはなくす、フィルターはどこかに落ちる、今日は衛星通信機器のねじが抜けて行方不明と、なくしものばかり。大切に扱いたくても、猛吹雪と強風の野外で使ったり、持ち運んだりで、無理もない。

千葉さんの悩みも切実。スノーモービルも厳しい環境の中で、あちこち不具合が出て、懸命に直している。研究者が調査できる環境を整える数知れない仕事がある。

「今日は『千葉さん、ありがとう』ってテーマで書こうかな」と言ったら、「やめてください。ぼくの名前なんか書かないでください」と、やっぱり、いつも控え目な千葉さんらしい反応だ。

地球と宇宙の秘密ぎっしりのセルロン

一夜明けても変わらぬ強風、でももう時間はない！　昼に風がいくらか弱まり、「よし、行こう！」と地質隊も隕石隊も出発した。

隕石探査に加わっていた医師の岡田さんと私が、今日は地質隊に参加した。つるんとした岩の上に蛇行する黒や白のライン、ふんわり波打つように広がる岩場を歩きながら、土屋さんが説明する。

「地球上の水は海水が大半と思うでしょう。でも地球内部の水は海水の十七倍もあるんですよ」

土屋さんが注目しているのは実は岩石だけではなく、その中に取り込まれている「流体の化石」だという。岩石に封じ込まれた液体？　実に不思議な話だ。

海の下の地殻は五〜七キロの厚さがあって、水分がたっぷり含まれている。大陸にぶつかるあたりから沈み込み、深くなるほど圧力も温度も高まっていく。すると、スポンジから水が押し出されるように、中に含まれていた水は、上にある大陸地殻や「マントルウェッジ」という所に染み出す。そこで石と石の間に細かく水が入り込み、「地殻流体ダム」という層が深さ四〜十キロほどにできるのだそうだ。

私たちが目にすることのできない世界だが、温度三百五十度、数千気圧の環境で、「液体でも固体でもない〝超臨界〟状態になっているかもしれない」という。しかもこれが、地震のメカニズムと深くかかわってきそうというから、興味はわいてくる。プレートがぶつかって、ずれが生じて地震が起きる、その場所が「地殻流体ダム」だからだ。

岩の山々、青く光る裸氷、まぶしい雪……人の手の加わったかけらも見えない、この星・地球のそのまんまの姿が飛び込んでくるセールロンダーネ山地。目の前のとてつもない迫力だけで圧倒されているのに、そこに地球や宇宙を探る秘密がぎっしり詰まっているかと思うと、もうただ「すごい」という言葉しか出なかった。

「最初の命って、どこから生まれたんだろう?」

「最初の命って、どこから生まれたんだろう?」

シンプルで、かつこれほど難しい問いはないだろう。普段はそんなこと考えないのに、この氷の世界で、地球や太陽系の誕生の神秘に向き合うと、自然に疑問はわいてくる。

夕食後、パソコンを広げてひと仕事と思っていると、そんな議論が始まった。

「南極で一番古い石って、四十億年前近いものが出るんですよね？」

「ナピア岩帯の石が古いよ。南アフリカでは三十九億年前の石もみつかってる」

地球の最初の生命はいったい何か……。土屋さんはこんなことを話し始めた。

「隕石の中に生命の元があって、地球に飛び込んできたって説もあるんだよ。結構マジメに言っている人もいる。タンパク質とアミノ酸が入っていて、普通なら百三十度を超えると分解してしまう。でも地球の大気圏に飛び込んできたとき、隕石の中の方までは、そこまで温度が上がらない。そんな風にして隕石の中に入って、地球にやってきたという考えを唱える研究者もいるんだ」

突拍子もない話にも聞こえるが、逆に原始の地球上で二酸化炭素やら石やら、そんなものからどうやって生命の源が生まれるか？　誰もが「なるほど」とうなずける説明をできる人も、なかなかいないだろう。

「いやぁ、地球の生命の源がわざわざ火星から来たなんて説はどうも納得できない」と隕石の専門家・小島さんはつぶやく。「火星の生命の痕跡は、いつかはみつかるだろう。そのとき、地球とは違うことがわかるんじゃないか」

この星の不思議、謎は尽きない。ほろ酔い加減の惑星談議は続く。

「石は水を運ぶんだ。石の中に液体が含まれていて……」と土屋さん。

「氷は隕石を運ぶ」と小島さん。「セルロンよりやまと山脈の方が、隕石は多いな。それに、やまとでしか見ない隕石もある……」

外はまだ風が吹き荒れている。乾いた雪は氷原をなめ、白い滝のごとく流れていく。

今ここに生きていることって……星が何億年もの変遷《へんせん》を重ね、命が脈々と受け継がれてきた結果である、百年であり、一日であり、一秒なんだ。

でき過ぎちゃったフィナーレ

泣いても笑っても、バルヒェンでの地質調査・隕石探査は一月二十四日、今日が最後だ。

「昨日までで五百八十八個、今日は最後だし、絶対に六百個超えたいね」

「あと十二個、今日は絶対、六百個を超えよう！」

隕石隊は朝からその話題で持ちきりだった。

「六百個目発見の人には、小島さんからプレゼントを贈るってことにしようよ」

「で？　何を？　っていうかさ、プレゼントなんて、何もなさそうだけど」

「小島さんから祝福のキスがいいよ！」

「それじゃ、罰ゲームだって」

伸ばし続けている白いひげで、仙人のような風貌になってきた小島さん。その顔が迫ってきて、これまた汚れた男のほおにキスする姿を想像したら……おおっ目をそむけたくなる。

そんな馬鹿話をしながら、隕石隊も飛び出した。

相変わらず冷たい強風が正面から吹き付けてくるが、一個でも多くみつけてやろうと皆、右に左に氷の上の石ひとつひとつに目を光らせる。

今日は、佐々木さんのスノーモービルの後部座席で撮影。佐々木さんは数だけでなく、珍しい隕石「ユレーライト」や五キロの大物もみつけてきただけに、「見逃した隕石を後ろで私がみつけるなんて難しそう」と半ば諦めていた。

途中、「ちょっとトイレ」と佐々木さん。スノーモービルを止めると、「乗って、先に行っていいよ」と下りた。

私は「ゆっくり歩いているから」と、氷の上をカツカツとアイゼンで歩き始めた。一、二分するかしないうち、二センチほどの小さなつるんとした石が目の前に。

「あっ隕石！」。写真を撮り、ジップロックを取り出していると、戻ってきた佐々木さんが

「こっちにもあるよ」。数メートル離れた所にも小さな石が。さらに「あっちにも、ほら」「ええっ⁉」「まだある」、フラグメントだ！　全部で二十八個もあった。

たまに、こうしてまとまって発見されることがあるが、ひとつの隕石がばらばらになったのか、一度に降ったのか、氷に運ばれて集まったのか、解析しても判別は難しいそうだ。

小島さんも、「おっ、これで〝六百個超え〟だね」とにっこり。最終日にこんな幸運に巡り合うなんて！

「でき過ぎじゃない？『ホワイトメール』のために仕組まれたとか⁉」と、海田さんが突っ込む。ホントに〝でき過ぎ〟で、私もびっくりだ。

今日は最終日だったので、亡くなった母のミニ位牌と、母と姉と家族で撮った写真をザックにしのばせていた。旅が好きだった母のために、山へ行くとき、遠くへ行くときは一緒に連れて行こうと思って、特別に作った小さな位牌だ。

母と姉が眠る墓石に書いた文字は、「野を駆ける　風とともに　旅は続く」。

ここは緑茂る野ではなく、氷原に風が駆け抜けるセールロンダーネ山地のバルヒェン。

母と姉は私を見守りながら一緒にこの旅を楽しんで、素敵なクライマックスを用意してくれたのかもしれない。

「やったぁ！　すごいよ、フラグメントだよ」と袋に拾い集めて見せると、「これで小島さんのキスは、中山さんのものだね」と皆がにやにやする。

「え〜っ！　いや、微妙に違うかもしれないよ」

「どう考えても時間的に間違いない。なんなら皆のGPSの記録で調べてもいいけれど」

うっ、やっぱり「罰ゲーム」としか思えない。心配したものの、そのプレゼントはお預けとなった。ともかく祝うべきは、風と氷のセルロンで、皆で集めた六百三十五個だ。

これでとうとう探査も終わり。「もっとやりたかったなぁ。帰りたくない」。つらかったくせに、名残惜しくなる。でも「もうあと一カ月続けるよ」と言われたら、きっとうんざりするだろうな。いや、一度だけ風呂に入らせてもらえたら……、きれいさっぱりして気分一新、「もう一カ月やろう！」って言えるかもしれない。

ベースキャンプをたたんで、目指すはベルギーのプリンセス・エリザベス基地だ。二、三日で着けるだろうか。当初の予定なら、「しらせ」がクラウン湾まで来て、そこからヘリコプターがベルギー基地まで飛び、私たちをピックアップしてくれるはずだった。「しらせ」の代わりに私たちを運んでくれる航空機は、予定通りに飛べるのだろうか。すべてが順調なら二月四日ごろには、「しらせ」の上——となりそうだが、何が起きるかわからないこの旅、まだまだ安心はできない。帰りが見えてくるのは、なんとも寂しい。

スノーモービルで氷原ひた走り

おトイレはこちら、専用
テントのペール缶へ

第四章

仲間が待つ昭和基地へ

吹雪の置き土産と気の遠くなる雪かき

バルヒェンのベースキャンプの撤収作業が始まった。

ここで暮らして三週間ちょっとだが、強風が運んできた雪がテントや物を置いた所に巨大なふきだまりを作っている。そりの風下は高さ二メートルくらいの雪の山、除雪作業は大仕事だ。朝日新聞の「南極セールロンダーネ支局」、皆がたててくれた私のテントも、周りが一段高くなっている。風がテントを縁取るように吹き抜けながら、雪をきれいに掘ってしまったからだ。覆うシートのすそや周りの留め具は雪に埋もれ、凍りついている所も。カツカツ、シャベルで雪と氷と格闘すること、かれこれ数時間、肩や腕が痛くなった。

航空機を使って先に、十一月からセルロンに入っていた地質隊のテントは、あちこち破けて、一シーズンでぼろぼろ。毎秒十~二十メートルの風にさらされるだけではなく、強い紫外線で生地がいたんでしまう。朝日新聞の旗も、竹竿の先で強風に吹かれ続け、三週間足らずで端がほころび、小さくなってしまった。

でも、「ここから毎晩、ホワイトメールを送り続けたんだ」と思うと、明日にはたたんでしまうのが、名残惜しい。

四十五次隊で南極へ行ったときのキャラクター「ペンちゃん」のぬいるぐみと一緒に記念撮影した。稚内市《わつかない》からいただいた樺太犬タロ・ジロのぬいぐるみ、式根島から預かったキューピーさんのマスコットも一緒にパチリ。

風と吹雪のバルヒェンとも、別れのときが迫ってきた。

さよなら、氷の世界バルヒェン

バルヒェンの氷原にぽつぽつ広がっていた黄色のテントが姿を消して、出発支度をととのえた雪上車とモジュール、そりばかりになった。ベースキャンプ地は、ころころ大小の石が転がる氷の広場に戻った。まるで何事もなかったように、明日には人の気配、いや生物の気配すら全く見えない氷に閉ざされた世界に戻るのだ。住み慣れた部屋を空っぽにして、遠い街へ引っ越すときのような、なんとも言えない寂しさに胸を締め付けられる。楽しかったことも、苦しかったことも、いろんな思い出がぎゅっと凝縮され、そのまま冷凍保存されてくれればいいのに。青空が消えて、どんよりとした灰色の空、冷たい強風が雪を巻き上げ、寂しい雰囲気を演出しているようだ。

昭和基地から西へ五百〜七百キロ、南緯七十一〜七十三度、四国ほどの大きさがあるセールロンダーネ山地の東の端にいる私たちは、これから西部にあるベルギーのプリンセス・エリザベス基地まで、雪上車とスノーモービルで走る。

帰途につく――といっても、まだ安心はできない。ぱっくり大きな口を開けたクレバスが無数に潜むバード氷河を越えて、約百八十キロを走らなければならない。

明日は早朝に出発、夜遅くまで走り続けることになるだろう。毎晩送っているホワイトメールも、移動中なので送れるかどうかわからない。

「無事に着いたら、必ず皆さんにご報告しますね。

これまで応援メッセージを寄せてくれていたさかなクン、ありがとう！　ＥＸＩＬＥのマキダイさんからのサプライズ・メッセージもホントに本当に感謝です！　皆様方々の応援、とても心強かったです。昭和基地までさらに遠い道のり、これまで思いもしなかったことが次々に起こったセルロンの旅、さてこの先どうなることやら……まだ終わりませんよ！」

ＢＧＡＮの衛星アンテナを広げて、「バルヒェン発」最後のホワイトメールを送った。

＊

抜けるような青空、風に舞い上がる白い雪、さざ波のようにきらめく氷……。

「もう二度とこの景色を見ることはないんだろうなぁ」

せめて目に焼き付けておきたいと、外に出てみるが、冷たい強風が肌を突き刺す。気温マイナス十二度。明るかった夜も薄暗くなり始め、セルロンも秋の気配だ。

一月二十七日、バルヒェンを去る朝がとうとうやって来た。

ベルギー基地から三人が雪上車で迎えにきて、モジュールや大型のそりをひきながら、ゴトゴト走り始めた。

当初は、行きと同じルートでバード氷河を越える計画だったが、あの恐怖のクレバス体験、モジュールがガタンと傾き、氷の割れ目に落ちるかと思ったほどの往路。

バルヒェンに着くや、「あのルートでは帰れない」とセルロン隊の土屋隊長と隕石隊の小島リーダー。一、二キロ南に新たなルートを開くことにした。

前もって確認しただけあって、クレバスはあるものの、はまりそうな幅ではなく、ホッとする。でも、それもつかの間だった。一難去ってまた一難！　今度は大きなモジュールを載せたそりがピンチ！　雪上車で牽引する部分の頑丈な鉄骨が、破断してしまったのだ。

一カ月近くベースキャンプに置いている間に、モジュールを載せたそりは凍りついていた。除雪し、雪上車で引っ張り出そうとしたとき、相当な力がかかって、まず「グギッ」。ちょっと「危ないなぁ」と不安を抱えながらの出発、そしてガタゴトの裸氷での走行がとどめを刺してしまったようだ。

「ベルギー基地までもつかな」「ここに放置していけないし……」

鎖やロープで包帯のように巻き付けて補強し、引っ張る。

スノーモービルの席から破断箇所をちらちら右に、セルロンの荘厳な山並みを左に見ながら走る。

「こんな美しい景色は、やっぱり簡単には見させてもらえないんだ」

寒いとお腹もすくのに、休憩も昼食タイムもとらずに走って、走って、走り続ける。こんなときは、カロリーメイトやソイジョイ、「行動食」をポケットから出してかじりながら、空腹感を紛らせる。バード氷河を無事に越えた所で、キャラバン隊は歩みを止めた。

「今夜のキャンプ地はここで」。百十キロ余りを走破。時計を見たらもう午後十一時過ぎだ。体は芯まで冷え切って、お腹はぺこぺこ。夕飯食べて、ほっとしたら日付がもう替わっていた。

シュラフに潜り込むと、あっという間に眠りに落ちた。

＊

ゴールのベルギーのプリンセス・エリザベス基地まで、残すところはあと六十数キロだ。

雪を吹き付ける強烈な風に、背中を押されるように西へ走る。クレバスが広がる氷の海を越えると、純白の雪原。ガタガタ、ゴトゴト、揺すぶられる氷の上から突然、ザーッと滑らかな走りに変わる。

何百メートルか見当もつかないほど巨大で垂直な岩の壁、その間を抜けるように陽光にきらめく氷河、さらに、はるか彼方まで薄く青い山並みが続く。

にょっきり突き出した棒、蟹の爪のような先が裂けた三角岩、五本の指を広げたような山、ほかでは見たことがない奇妙な岩ばかり。氷の世界に広がるセールロンダーネ山地は、まるで雲海に岩々が突き出した天空の世界のようだ。

飽きることなく眺めながら、スノーモービルの後ろで揺られているうち、背中のザックをリクライニングシート代わりにのけぞってみた。

さえぎるものない澄み切った青空が、体いっぱいにど～んと飛び込んでくる。

「こんなに大きな空、東京では見られないなぁ」とぜいたくな気分だ。

今ここに私がいられること、力を貸し、応援してくれた人、励まし、一緒に喜んでくれた人、心配してくれた人、そして南極からの便りを楽しんでくれる人……。いろんな人たちがいて、支えられて、この幸運を得られたんだなぁ。今まで目の前のことに必死で、そんなことを考える余裕もなかった。

今はもう会うことのできぬ人たちの顔も、青空に浮かんでは消え、なぜか涙が出てきた。強烈な日差しでまぶしかったせいかもしれないけれど……。

気付いたら、少しの間、眠りに落ちていた。なんと走るスノーモービルの上で！

午後七時、巨大な三角の岩山の横、丘の上に舞い降りたＵＦＯのような建物が見えた。

「あれがベルギー基地だよ！」

人間を拒む自然の厳しさにどっぷり浸かっていた私たちにとって、突然、目の前に現れた人工物は、まさにＵＦＯのような存在。不思議な気分でベルギー基地の前につけると、地形隊が待ち受けていた。三浦さん、菅沼さん、橋詰さんの懐かしい顔、三人とも真っ黒に焼け、ひげを伸ばし、十一月に日本を出たときとはまるで別人だ。

「やっと、これでセルロン隊全員がそろった！」。総勢十七人、誰一人けがも病気もなく、ここにたどり着けたことに、まずは乾杯！

夜はベルギー基地に招かれ、祝宴が開かれた。調理人が腕をふるう肉料理、青々としたアスパラガスにほかほかのマッシュドポテト、大皿を両手で差し出し、よそってもらう私は大興奮。一カ月以上も風呂に入っていない顔をくしゃくしゃにして、まるで配給を受けるスラム街の子どもみたいだった。

南極の夏に終わりが迫り、太陽は低く輝く。白い雪原に笑い声が明け方まで響いていた。


今度はホント、「しらせ」が迎えにこられない！

翌朝、長旅と祝宴と疲れと……さすがに皆で朝寝坊した。ブランチを食べて、昼過ぎからやっと、後片付けが始まる。

パソコンを広げて、いつもの仕事もしなくては。

「クラウン湾に再びしらせがやってきて、ベルギー基地までヘリコプターを飛ばして私たちをピックアップしてくれる——はずだったのが、なんと衝撃のニュースが、昭和基地の本吉隊長から届いた！

『しらせは、迎えに行けなくなりました』

『ええっ⁉』『じゃあ、どうやって帰るんですか？』と衛星電話で本吉隊長と話をしたセルロン隊の土屋範芳隊長の次の言葉に固唾《かたず》を呑む——。」

こんな「ホワイトメール」を書けたのは一月二十九日、やっとこのタイミングだった。「しらせ」が昭和基地に接岸し、このニュースが飛び込んできたのは今月十一日だ。なのに「南極地域観測統合推進本部への報告と承認を経て、発表されるまで待て」とのことで、こんなに遅くなった。南極地域観測統合推進本部というこの長い名前の組織は、南極観測のことを決める連合体とでも言えばいい。文部科学省や防衛省（しらせは海上自衛隊が運航）、総務省、気象庁、国土地理院、海上保安庁、環境省、外務省、もちろん極地研も含め、南極観測にかかわる省庁やいろいろな組織から委員が出ている。

ここに着くまで知らないなんて不自然な話なのに、今やっと「報道解禁」。日本のお役所や組織はややこしい。上に話が通り、公式発表される前に情報が漏れてしまうと、誰かが叱られるはめになる。

文科省や極地研の職員たちは結構、このサイトをのぞいてくれているらしい。なんたって昭和基地から六百キロも離れて孤立した山地で野営している調査隊、なかなか連絡もつかなければ情報も入ってこない。他愛ない日々の四方山《よもやま》話でも、今どこにいて、何をしているのか、何より無事で暮らしているのかがわかるのは、貴重な情報というわけだ。でも書いている私は、どんな人たちが読んで、何を感じているのか、ちっともわからない。それどころか、このメールが、サイトにどんな作りで現れているのかさえ、一度も見たことない。「日本に帰ったら見よう」って言いたいところだけれど、そのときはもちろん、もう終わっている。ちょっと寂しいな。

「しらせ」は分厚い海氷に阻まれ、昭和基地に近づくのに大変な苦労をした。

「このままでは夏が終わっちゃうぞ」「作業が間に合わない」

本吉隊長や工藤越冬隊長らは、海氷に荷物を下ろし、雪上車で引っ張って何十キロもの道のりを運ぶことも考えた。海氷を走り、ルート作りも始めていたらしい。「もう無理だろう」と皆が諦めていた十日深夜、「しらせ」は一気に氷を割り、基地がある東オングル島の岸から約一キロまでたどり着いた。

「接岸万歳！」と喜んだはいいが、燃料は予想外に使ってしまった。苦闘の末、体当たりして海氷を割る「ラミング」は二千四十二回に及んだ。ラミングでは氷のない海を普通に走ったときの倍、一日あたり八十〜九十キロリットルもの燃料を使う。東京から昭和基地の往復は約三万五千キロ。今回はセルロンへ私たち隕石隊を送るため、クラウン湾への往復千八百キロを余分に走ったことになる。燃料の予想以上の消費に加え、新しい「しらせ」のタンクの容量は五千五百キロリットルと、先代「しらせ」より五百キロリットル分小さくなっていたことも響いた。

クラウン湾をあともう一往復する十分な燃料はない。でもセルロン隊のピックアップをしなくてはならない——。この難題に、一番近い南アフリカまで行って給油するという案も出たそうだ。でも、時間がかかるばかりか、これもまた大量の燃料を使ってしまう。国際チャーター便を使った方が、時間的にも費用的にもはるかにいい、昭和基地に近い大陸上にある拠点S17まで飛んで、「しらせ」のヘリコプターがそこでピックアップしよう——という案で話はまとまったのだ。

セルロン隊の地質隊・地形隊は「しらせ」を使わず、五十一次隊本隊より早い昨年十一月に日本を出発した。南アフリカまで飛び、ケープタウンから国際チャーター便を使って、南極大陸にあるロシアのノボラザレフスカヤ基地へ降りた。そこで飛行機を乗り換えて、ベルギー基地まで飛んで来た。再び、その逆コースをたどって帰る。

先遣の地形隊と、「しらせ」で来た隕石隊が、クラウン湾で「しらせ」にピックアップされるはずだったところ、南極に基地を置く十数カ国が協力して飛ばしている国際チャーター便を使うことになる。貴重な体験ではあるけれど……。

何が起きるか、最後までわからないものだ。筋書きのないドラマはまだ終わらない。

「雪宿」って快感

「いったい、いつ飛べるのかな?」

「明後日?　いや明日かもしれない」

「しらせ」に戻る日はいつになるのか?　ノボラザレフスカヤ基地から「しらせ」へ私たちを運ぶ飛行機が、いつ来られるかはお天気次第、誰にもわからない。

すぐかもしれないし、天気が荒れて一週間後かもしれないし……。

「せっかくだから、ここで野宿しよう!」と佐々木さん。

「野宿?　野っていうより、『雪宿』だよね」

「寒くないかな?」

でも、さえぎるものひとつない南極の青い空の下、氷の上に寝るなんて機会はない。

「よし、やろう！」と岡田さんと私がのった。強風も地吹雪もない、天気が落ち着いている今がチャンスだ。ここは標高約千四百メートル、丘の上にあり、一段低くなった所から、真っ白な雪原が果てしなく広がっている。

「ここは気持ち良さそう！」

佐々木さんがシャベルで雪を少し掘って、一人分のくぼみを上手に作る。銀マット、シュラフマットを重ねて、あとは厚い寝袋に潜り込むだけ。午前二時ごろ、外気はマイナス十一度。でもシュラフにすっぽり潜り込めば、中はぬくぬくだ。左には蟹の爪のように二つの峰が天を突き刺す岩の山、そして広〜い空が広がっているのが見える。太陽はわずかな時間、沈む季節が来たが、少し薄暗くなるくらいで、空には薄紫の明るさが残っている。

ひんやりした風をほおに受け、南極の空気をめいっぱい吸って、「おやすみなさい！」。

朝まで、ぐっすり眠った。

＊

ふと目覚め、シュラフのジッパーを開けてみると、青空がいきなり飛び込んでくる。とんでもなく爽快な気分だ。きんと冷えた空気が心地良く、寒さなんて二の次だ。

少し早く目覚めて、テントからはい出したほかのメンバーは、氷の上に横たわる三つのシュラフを目にして、びっくりしたらしい。

「氷の上に寝てたの？」

「気持ち良かったですよ」と答える私の顔を見て、半分呆れた表情だ。

もしかしたら今日、迎えの便が飛んでくる可能性も——と言われて、急いで荷物をとりまとめた。なのに、「フライトはなし」の連絡が入った。

「今日は休暇」。皆のんびりしていると、「これから来るって」との情報が！

一瞬、腰を浮かしたが、私たちの迎えの飛行機ではなく、日本からの査察団だった。

一月三十一日午後三時近く、氷の滑走路にバスラーターボ機がするりと降りた。現れたのは、日本人五人、外務省と環境省、そして見慣れた顔は観測隊の派遣元・極地研の白石和行・副所長と渡邉研太郎・国際企画室長だ。

「おっ、元気そうだね」「ご苦労様」「ご無事で何より」

出迎えたセルロン隊のメンバーは代わる代わる握手する。久々の再会に笑顔いっぱいだ。

その様子をビデオに撮りながら、ふと考えてしまった。

「顔は白いし、服も新しくてきれいだな。それに比べてこちらは……。ということは『ずいぶん薄汚くなったなぁ』って、思われているんじゃないかな」

この査察団は、南極条約の環境保護に関する南極条約議定書に基づいて、締約国の基地を見てまわる――というのが任務だ。南極条約は昨年、二〇〇九年で五十周年。日本は最初の締約国メンバーだったが、査察するのは初めてだ。お隣の外国基地は千キロも離れているような昭和基地から、よその基地へ行くのも難しかったからだろう。

国際チャーター便の就航で、短期間で南極へも行きやすくなり、今回は一月二十六日から二月十五日までに五、六カ国の基地をまわる予定だという。南アフリカのケープタウンからロシアのノボラザレフスカヤ基地に入り、インドのマイトリ基地に寄って、こちらへ。どんな所をチェックしてまわるのか、一緒に見てまわりたかったが、「査察なのでダメだよ」と断られた。

一年前に開設したばかりの、ここプリンセス・エリザベス基地。チェックされることより、風力や太陽光の利用、ゴミや排水処理など、自慢したいことがたくさんありそうだ。

＊

悲しくも（？）昭和基地の気象隊員が送ってくれる天気予報はよく当たる。朝は青空も少しだけのぞいていたが、昼過ぎから風が強まり、やがて雪に。今日も私たちは足止めだ。

セルロン隊はベルギー基地の前にテントを張り、モジュールをとめてキャンプさせてもらっている。せっかくなので、見学させてもらった。

丘の上に下りたUFOのような形をした基地、一年前に開設したものの、施設は未完成で作業している人があちこちにいる。電気の配線をしている人、雪上車の整備、大工仕事……屋上では強風の中で衛星アンテナを調整している人もいた。今は三十数人いるそうだが、研究者はまだ生物・気象・地学の六人くらい。

環境に配慮した施設だ。「使う水の七割は再利用なんだ」と案内役をかって出てくれたスヴェンさんが排水の浄化処理を説明する。飲み水や調理に使われるきれいな水はもちろん雪をとかして作っている。

丘の上には風車がくるくるまわり、太陽光パネルがずらり。風力と太陽光で発電し、すべての電力が供給できる——はずなのだが、あまりに強い風で風車も故障してしまうことがあるようだ。

実は昭和基地もいろんなタイプの風力発電を試みてきたが、これぞというシステムはなかなか……。地球の神秘に迫り、地球環境を考える観測隊、その生活もできるだけ環境に負荷をかけないものを求めているが、苦労もたくさん。でもその未来に期待したい。

さよならセルロン、午後十一時五十四分「しらせ」着艦

天気予報は「吹雪に強風」、二月二日、今日もフライトはないだろうと信じて、明け方まで騒いでいた。

踊ってはじけているかと思えば、涙あふれる人、セルロンに別れを告げるときが刻々と迫り、いろんな思いが駆け巡る。

「泣け～！」「いや、まだだ。無事に帰り着くまで終わってないんだ」「ありがとう！」

酔って、笑いと涙でぐちゃぐちゃになりながら、男同士、肩を抱き合って大声をあげている姿は、ちょっとおかしくもあり、また感動的でもある。

考え方ややり方の違いで、ぶつかることも何度もあった。不満や怒りが、過酷な環境の中で増幅していく姿に「人って、もろいんだな」と思う瞬間もあれば、皆の力や工夫で困難を乗り越えていくたくましさも、目の当たりにした。生死を賭ける現場で、本音でぶつかり合うからこそ、生まれるパワーだ。大学の研究室では決して見られない光景だろう。これこそがフィールドワークの現場なのだ。

時計を見れば午前四時過ぎ、しばし眠って八時にようやく目を覚ますと、天気予報が珍しくはずれ、真っ青な空に太陽が輝いている。

「飛べそうじゃない？」、皆、二日酔いでしゃきっとしないところに緊張感が募る。

昭和基地からは「雪面が見えやすくなってきた」と連絡。出発の準備が始まった。

第一便は五人、十二時五十分、航空機バスラーターボは大きなうなり声をあげ、雪原をけって飛び立っていった。あっけないものだ。

三時間ほどして、昭和基地に近い大陸上の「S17に下りた」と連絡が入った。引き返してくると、第二便出発だ。「天気もつかなぁ」。まだ半信半疑、落ち着かない。

「給油したら、すぐ出発になる。準備しなくちゃ」と気持ちを高める。

風呂に入りたいし、暖かい部屋でくつろぎたい、でもセルロンの山並みを仰ぎ見ると、「帰りたくないなぁ」という言葉が思わず漏れてしまう。

ザックを背負い、スノーモービルにまたがる。「さあ滑走路まで」と、エンジンをかけたまさにその瞬間、ベルギー基地の人が走ってきた。

「待って！　今から行くと、向こうで日没になってしまうから飛べないって」

「えっ～!?」。また？　いやいや……。

「最後まで〝筋書きのないドラマ〟だね」と思わず、皆、苦笑い。

「でも明日から天候は悪くなる。今日のうちに」と土屋さん。到着するや、パイロットと「なんとか飛んでほしい」と交渉し、すんなり決着。というのも今は、太陽が沈んでいるのは四時間半ほど。少し待てば、朝日がまた昇って明るくなるからだ。

午後七時半、私たち六人と荷物をぎゅうぎゅうに詰め込んだバスラーターボは氷原を飛び立った。あっという間に山並みが遠ざかり、下界は雪と氷のどこまでも真っ白な世界へ。

S17へ着いたのは午後十時二十五分、すさまじい地吹雪だった。普通ならヘリコプターも飛べない風と視程、暗さだ。それでも「しらせ」のヘリコプターは白い雪煙の向こう、バリバリと大きな音をたてて現れた。顔も上げられない強風の中、体をかがめるようにして真っ先に下りて、走り寄ってきたのは小梅三津男艦長だ。続いてばらばらと下りてくる乗員たちが、荷物を次から次へヘリの中に押し込むのを手助けしてくれた。

薄暮の空に飛び立ったバスラーターボを見送ると、しらせヘリも雪原から舞い上がった。午後十一時五十四分、「しらせ」着艦。あたりは夜の闇に包まれていた。夜間のフライトなんて、例外中の例外だ。小梅艦長や乗員らの熱い思いを感じる。

「お帰り！」と飛行甲板で出迎えてくれたのは、ひと足先に着いたセルロンの仲間たち。「あれっ？」。早々と風呂に入って着替えて、ひげもそって、まるで別人になっていた。

S17の猛吹雪の中で詰め込んだ荷物は、乗員らの手であっという間に下ろされ、私たちはすぐに食堂へ。真夜中というのに夕飯をとっておいてくれたのだ。

空腹を満たし、自分の部屋に荷物を押し込んだら、待ちに待った風呂だ！

「今日だけは許して！」とお湯をざーざー流しっぱなしで、髪を二度、体を二度洗った。四十日分と思えば、まだおつりが来そうだから、まぁいいか。ごわごわの髪の毛に白い泡をいっぱいたてて、足の指の間までごしごしこすって……汚れも、あかも、臭いも、洗い流す。ちゃんと落ちたかな？　お湯が使える、流しながら洗えるなんて、なんとありがたいことか！　湯船に浸かって温まっているうち、うつらうつら居眠りしてしまった。洗濯機が汚れないか、ちょっと心配しながら、衣類を突っ込み、乾燥機にかけて、気付けば午前三時過ぎ。ベッドに倒れ込んだ。

言うまでもなく、次の日は一日ぼーっとしていた。これぞ、ふぬけ状態だ。

今まで、肉体的にはもっとハードな日はいくらでもあったはずなのに、なぜか背中が、肩が痛い、頭がぼーっとしてだるい――一気に疲れが出たのだろうか。

それとも、「しらせ」がまた氷海を走り出し、揺れているせいかもしれない。

空飛ぶパソコン!?

「しらせ」は私たちを乗せたあと、昭和基地から離れて大陸沿岸を進んでいた。

「なんで動いているんだろう?」と思ったら、海底の地形を測っていた。引き返して、昭和基地までヘリコプターは飛べる距離には来たが、あたりは真っ白、強風で今日はフライトはなし。昭和基地入りまで、もうちょっと待たなくてはいけない。

「しらせ」で使えるメールは今、二時間ごとにまとめて送受信されている。以前は一日四回だったが、五十一次隊では一日六回になり、さらに二時間ごとに増えたので大助かり。でも容量は五百キロバイト未満なので、写真を送るには少々きついところだ。

メールアドレスはしらせ専用。セルロンで衛星通信を使っていたときのアドレスは使えないので、受信メールを確認することもできない。

厚い氷を割りながらゆっくり進んでいるので、「急に方向が変わることもないし、今なら衛星通信ができそう」と通信機器とパソコンを抱えて、飛行甲板に出てみた。

ところが、すごい強風。コンパスの針が指す方向を見ながら北を確かめ、通信機器を衛星の方向へ向けようとするが、重たいアンテナがばたんと倒れてしまう。少し風がよけられる所に閉じたパソコンとケースを置いて、アンテナを調整し始めたら、突風が来て、ばたん！　パソコンが風にひるがえり、ケースが吹き飛ばされてしまった。

「あ〜っ！」。中身がばらばら風に舞っていく。

飛ばされた帽子を拾ってくれたり、会社のＩＤカードを渡してくれたり、まわりの人も手伝ってくれて、大半は回収できたが、はさんでいた紙類が氷海へ飛んで消えてしまった。

宙返りしたパソコンはなんとか無事だったようだ。ホワイトメールもちゃんと書けて、送れたということは！

「昭和基地は都会だわ……」

「天気は悪いから、どうせヘリは明日飛ばないよ」、なんて思っている次の日ほど飛ぶものだ。セルロン隊のメンバーの中ではただ一人、これから越冬する医師の岡田さんの送別会ということで、二月五日は朝三時ごろまで宴は続いていた。

目覚めれば、なんと！「予定通り、飛行作業を行う」と放送が流れる。

午前七時半、岡田さんを載せたヘリコプターが昭和基地へ飛び立つと、今度は小島さんと私の番だ。飛び立つと、見えるのは真っ白な氷ばかり。夏も過ぎ去ろうという今も海はびっしり厚く凍りついたまま。「しらせ」が砕氷にどれほど苦労したかがよくわかる。

ヘリポートに下りると、「あれ？」。風がない。「なんて暖かいんだろう」と思ってしまった。セルロンでは冷たい強風に吹かれっぱなしの毎日、風がないのに驚く。

手つかずの地球そのままの姿、人工物のかけらも見えない世界に暮らしたあと、昭和基地を訪れると、正直なところ違和感がある。とけて汚れた残雪と雪どけ水が流れる茶色の道、ごつごつした岩の上に点在する建物、お世辞にも今は「美しい」と言える光景ではない。

でも、建物に足を踏み入れた途端、六年前の越冬の日々がよみがえってきた。どこもかしこも懐かしさでいっぱい。でも、でも、また次の瞬間、そこに現れるのは違う顔ぶれ。セルロン帰りの少しボケた頭がさらに混乱してきた。

「都会だわ……」。一番戸惑ったのは、人が多いこと！

二月一日の越冬交代式のあとは、前の越冬隊と今の夏隊の多くは「しらせ」に戻るのだが、五十一次隊はまだ昭和基地にたくさん。今は五十五人、五十次越冬隊も加えたら、六十人は超えている。「しらせ」の接岸が遅くなり、片付かない仕事がたくさんあったのだろう。

約五十日も離れている間に、別の苦労といろんな体験を共有してきた仲間の中に飛び込んで、ちょっとまだ「転校生」気分で戸惑っている。

「はい、こちら南極の昭和基地です！」

「はい、こちら南極の昭和基地です！」

二月六日、衛星通信回線を使って昭和基地と東京・大阪を結んだ「南極授業」があった。

画面の向こうは、日本科学未来館と朝日新聞大阪本社のアサコムホールだ。

デジャブ……どこかで見たことある〝ような〟ではなくて、六年前の四十五次隊のときにやっていたのと同じように、こちら昭和基地では食堂の一角で、テレビ会議システムの装置を使い、屋外を映すカメラをつないで――という光景だ。

このテレビ会議システムが使えるようになったのは、昭和基地にインテルサット衛星アンテナが建って、大容量のデータが高速で送受信できるようになってからだ。その大型アンテナを建てたのが、四十五次隊だった。「私たちが建てた」と、つい自慢したくなってしまう。隊員総出の大作業で二カ月近くかかった。そして二〇〇四年二月二十六日にインターネットも開通！　常時接続されるようになったのだ。その前は一分で三、四百円もかかる衛星電話だったのが、東京の極地研と内線で結ばれ、昭和基地からかける電話料金が東京からと同じになった。「通信革命の年」だった。

学校と回線をつないで隊員と子どもたちが対話する「南極授業」もそのときに始めた。最初のころは回線が不安定で、失敗もたくさん。画像はカクカク動きがぎこちなく、表情も見えにくいほど不鮮明。途中で音声が通じなくなってしまうトラブルもあり、毎回冷や冷やで、綱渡りのように開催してきた。

それが今はなんと進化したことか！　映像は滑らかでクリア、技術や質が良くなっただけでなく、中身もびっくりするほど。回を重ねるうちに、「こんな動画や写真を見せたらおもしろい」「外に出て南極らしさを見せよう」――という技もあれこれ加わった。

「こんなに進化したんだ」

五十一次隊としてはまだ四回目なのに、進行もスムーズに内容も濃いものを披露するとは、さらに「すごいなぁ〜」。

担当や手伝いの隊員たち、テレビ朝日の二人もすでに慣れた手際、何よりホンモノの先生登場の効果は大きい。五十一次隊で初めて同行した現役の先生二人、千葉県習志野市立大久保小学校の長井秀子先生と県立奈良高校の森田好博先生も、それぞれの学校と一般公開の二回を終えたところ、「ようやく大きな肩の荷が下りました」とホッとした笑顔を見せた。

昭和に着いた私のもとへ、さかなクンからメッセージが届いた。

「ギョ無事に、昭和基地にギョ到着されて安心いたしましたぁー！　いつも素晴らしく、貴重なお知らせを拝読させていただいています。感動いっぱい☆　ハラハラ、ドキドキ、セルロンから、かけがえのない素晴らしいギョ体験のリポートでした。さかなクン御守りとキューピーちゃんのお写真、誠にありがとうギョざいます。とってもうれしくて、携帯電話の画面にさせていただきました。隕石たーくさん拾われたのですね！　六百三十五個とは！　ビックリでギョッざいます！

昭和基地にギョ到着されたときの『都会だわ……』の言葉に、自分も西表島の大自然に感動して、石垣島に戻ったときに『都会みたい！』と思ったのを懐かしく思いました。

今年は北海道、秋田、宮城、埼玉、京都と、あちこちで雪を見ました。地球温暖化が深刻な現在に雪を見ると、感動もひとしおです。雪はいいですね。白く美しい世界！　南極のどこまでも白い世界の中で中山由美記者が、とってもイキイキ輝かれて誠に素晴らしいです。これからも安全と健康を一番にされてください！　さかなクン」

＊

「昭和基地は暖かいなぁ」なんて思っていたら、空模様が一気に悪くなって、やがて真っ白に、風速はぐんぐんあがって毎秒三十五メートルを超えた。吹雪だ！　二月六日午後八時十分には「外出禁止令」が出た。

「ブリザードを連れてきたな」なんて私に言う人までいる。ゴーゴーという風の音、建物を揺する振動を感じる。昭和基地の冬を思い出させる景色だ。

朝になって弱まったが、これが五十一次隊初の「ブリザード」となった。

昭和基地では、「ブリザード」にAからCまでの基準がちゃんとある。

Ａ　視程百メートル未満　平均風速毎秒二十五メートル以上　六時間以上継続
Ｂ　視程一キロ未満　平均風速毎秒十五メートル以上　十二時間以上継続
Ｃ　視程一キロ未満　平均風速毎秒十メートル以上　六時間以上継続

ということで今回は「Ｃ級ブリザード」に認定！

やっと夏が終わろうという時期、「普通ないよね〜」「ブリザードが来るのは早過ぎ」なんて越冬経験者で話していると、「そんなことないですよ」と気象チーフの佐々木利さん。過去の記録を見ると、確かに二月も結構あった。

実は四十五次隊のとき、二〇〇四年の初ブリザードは四月五日だった。

初めて昭和基地に着いたときは残雪が見えなくて、「南極の夏ってこうなんだ」なんて思っていたが、今夏はびっくりするほどの雪。たかが一回の越冬で、「南極の春夏秋冬はこれくらい」と思うのは単なる印象であって、あてにならないのがよくわかった。

ここ昭和基地では前の五十次隊は記録的な雪の多さで、五十一次隊では海氷も厚くて、「しらせ」の砕氷も苦労したわけだ。ここ最近、温暖化という言葉に引っ張られ、「南極の氷がとけている」とか「南極も暖かくなっている」などと話す人も少なくない。でも、五年や十年、ある場所だけを見ても、そんなに簡単には言えないわけだ。

南極からラジオ生出演

「本当に南極にいるんですか!?」

そんな声も、すぐそこに聞こえる電話の相手は〝カリスマ・エコＤＪ〟のやまだひさしさん。

ＦＭ「ラジアンリミテッドＤＸ」に昭和基地から電話で生出演した。東京ＦＭをキーステーションにＪＦＮ全国三十八局ネットで放送している深夜ラジオ番組だ。

「中山さん、また南極ですか？」とやまださん。

四十五次隊で越冬し、帰国した二〇〇五年、環境をテーマにしたイベントでご一緒させていただいたのが、出会いだった。最初は「こんな金髪の兄ちゃんが進行役で大丈夫？」なんて思ったのだが、その不安はステージの上で一瞬にして消えた。楽しく軽妙なしゃべりで、子どもたちや若者の心をまたたく間にがっちりつかむ。そして今夜も……。

やまだ「今いったい何時？」

中山「六時間遅いので午後八時過ぎ。でもまだ明るいですよ。夏は太陽が沈みません」

やまだ「白夜か。そっちは夏なんだ。ところで何しに行ってるんですか？」

リスナーからも、どんな生物がいる？　コンパスはどうなる？……など、いろんな質問が次々寄せられる。

やまだ「ここでリスナーにクイズに答えてもらおうか、『エコクイズ×ラジオネア』！　出題者は中山さん！」

南極といっても、身近なこと、生活のことから、一般の人にはイメージがわかないことがいろいろなんだと改めて実感する。

番組の中で、私が出した三つのクイズを紹介しよう。

一、南極の生態系を守るためにやってはいけないことは？
①釣りをして魚を食べる、②石をお土産に持ち帰る、③氷をお土産に持ち帰る
二、セールロンダーネ山地での約四十日の野外生活、おトイレはどうしていた？
①大小とも野外でOK、②小は野外でやってもOK、大は持ち帰る、③大小ともダメ。持ち帰る
三、セルロンで今回、電力を得るためにやっていなかったのは？
①発電機をまわした、②太陽光発電をした、③風力発電をした
正解は一は②。ショウワギスやウニを捕って食べるのは大丈夫。氷も雪が降って、取ってもまた生産されるのでOK。氷山の氷はお土産に！　もちろん調査のための石や隕石の採取は、届け出してあるので認められる。二は②。基地には焼却や汚水処理の施設がある。持ち帰って処分する。三は③。風が強過ぎて無理！

＊

あのブリザードはまぼろしだったのか——と思ってしまいそうな晴天だ。九日、真っ青な空にまぶしい雪原、風も穏やかで暖かな日差しが降り注ぐ。

「昭和基地の夏は終わった」なんて言っていたのに、また逆戻りだ。

「郵便、これからまだ出したい人いますか？」。夜のミーティングで、昭和基地内郵便局の中本廣さんが皆に聞いた。「はい！」と、私のほかに手を挙げた人もまだたくさん。昭和基地に行ったら出そうと、ハガキを数枚だけ持ってきていた。情報通信研究機構の中本さんの本来の仕事は電離層観測。この仕事を担う人が昭和基地では代々、郵便局を担当してくれている。

記念のスタンプを押して、昭和基地の消印も押してもらおうとしたら、切手がない！

「売ってますよ」と中本さん。でもお金がない！「しらせ」に置いてきてしまったのだ。十二月初めにオーストラリアを出て以来、財布は奥に突っ込み、どこに入れたかもよく覚えていない。お金なんて、ずいぶん長いこと、見ていない。使う場面もないし。持っている荷物をごそごそ探してみたら、二百七十円切手と百二十円切手が一枚ずつ出てきた。

「切手で等価交換ってダメですかね？」と聞くと、「できませんね」。

五十円切手を買うために誰かにお金を借りるしかない、でも来年帰る越冬隊員からだと、借金は一年越しになってしまう。夏隊員に声をかけると、「持ってきてないね」とやはり大半の人が……。でも、ようやく一人見つけた。

「ごめんね、三百円だけ貸して。しらせに乗ったら返すから！」

来年まで帰れない越冬隊の中には年賀状を山ほど書いている人たちもいた。でも、この郵便、いつ配達されるかと言えば、もちろん「しらせ」が日本へ着く四月九日以降になる。

消えたペンギンを探して

アデリーペンギンのヒナも、そろそろ巣立ちの季節だ。すぐそばの島オングルカルベンに調査しに行くことになった。

工藤・越冬隊長が「百五十羽くらいのルッカリー（営巣地）がある。でも数が増え過ぎたから、ほかの場所に分散しているんじゃないかな」と言う。

「残り少ないチャンス、さあペンギンの写真をたくさん撮るぞ！」と張り切って出かけた。五分ほどヘリコプターで飛んで、島に上陸。北岸を目指していくと……いない！

「おかしいな」。残っているのは、糞のにおいばかり。確かにいた形跡はあるが、一羽も見あたらない。

「ヒナが全部巣立ってしまったにしては、ちょっと早過ぎるよね」

「どこか別の場所に移動したかな」。海が岸まで凍りついているから、水面が見えて、泳げる別の所へ行ってしまったかもしれない――そう思って島内を歩いてみたが、やっぱりみつからない。数時間過ごした挙げ句、一羽にも会えなかった。皆がっかりして、昭和基地に戻った。

すると「あそこならまだ撮影できるかもしれませんよ」と、本吉隊長の計らいで、今度は大陸沿岸のラングホブデへ飛んでみた。

岩を乗り越えて海へ向かうと……いた！　海岸から小高い場所にかけて、びっしり百五十〜二百羽くらい！　それにしても、おかしな格好のペンギンばかりだ。頭がちょんまげやモヒカンになっているのもいれば、帽子をかぶったり、襟巻きしたり、マントを羽織ったり……。毛が中途半端に抜けて、そんな姿に見える。

ヒナたちはちょうど、灰色のむくむくした産毛から、大人の白黒の羽毛に生え替わる時期なのだ。べちゃっと寝そべっていると、綿ゴミの塊か、使い古したモップ雑巾が転がっているみたい。まだ、水辺で立ちすくんでいるが、すっかり大人の羽毛になったら、海へ飛び込んで、自分でエサを捕ってこられるようになるのだろう。

さかなクンからは、ちょっとびっくりうれしいメールが届いた。

「こんにちは。南極での日々のお知らせを、誠にありがとうギョざいます。産毛が可愛い髪型みたいになっているペンギンのお写真、とってもうれしいです。お仕事先での過酷な日々をお過ごしになられ、普段の生活での電気やお水のありがたさ！　とっても伝わって参りました。

今日は素晴らしい方からエールでギョざいます！！　どうぞ！

中山由美さまへ

南極での取材、過酷な体験かと拝察致します。どの様な日々なのか想像を巡らせて居ります。

どうぞ御無事の御帰還お祈り申し上げます。

お帰りになられましたら、是非ともさかなクンと共に沢山の土産話、お聴きしたく存じます。

片岡鶴太郎拝」

それにしてもＥＸＩＬＥのＭＡＫＩＤＡＩさん、片岡鶴太郎さんって、なんていい方なんだろう！　もちろん、さかなクンがお願いしてくれたのだろうが、わざわざメッセージを送ってくださるなんて！　それもこれも、さかなクンの人柄のおかげだ。

カメラに写せないもの

夜空に星が輝いている。そういえばここへ来て、初めて見る星。白夜の夏は過ぎ、今は太陽が沈む秋。西の空に茜色が少し残っているが、だいぶん暗くなり、星もまたたくようになった。「南極なんて、いつでも寒くて厳しい冬」と思う人も少なくないだろうが、ここにも季節を感じられる変化は確かにある。

千キロ離れたドームふじ基地へ行っていたチームが帰ってきて、野外観測に行っていた仲間も全部戻った。ベルギー基地に残っていたセルロン隊の地質隊も、ロシアのノボラザレフスカヤ基地を経由し、国際共同チャーター便で南アフリカのケープタウンに出たようだ。私たちがこれから「しらせ」で一カ月かけて帰ろうか――というころに日本へ着いてしまうのだから早いものだ。あっけない。頭の切り替えが間に合わなくなりそうだ。

今日は隕石隊リーダーの小島さんがひと足先に昭和基地を離れ、「しらせ」に帰った。「なんで、一人で先に？」と聞いたら、「別に理由はないです」なんてすましていたが、実は昨夜、酒を飲みながら「最後までいると、泣いちゃいそうだな」と話していたらしい。

私も同じ。寂しさが募るのはやはり、「これが最後かも」と思うからだ。

今の時代、お金と時間、それに体力があれば、地球上いろんな所に行けるようになった。南極にも、南アメリカから観光船に乗って南極半島を訪れることができる。でも、世界屈指の砕氷艦の「しらせ」ですら、近づくことに苦労した昭和基地、冷たい風が吹き荒れ、クレバスの広がるセールロンダーネ山地も、極寒のドームふじ基地も、誰でも行ける所ではない。「またいつか」と思っても、その〝いつか〟がいつ来るのか、本当に来るのかどうかもわからない。

昭和基地の建物、東オングル島内、あちこちにカメラを向けてみるが、なんとなくすっきりしない気持ちが残る。目に映るものが写真に残されても、薄っぺらい紙の上には、生き生きとした思い出までも、切り取って残すことができないからだ。

いよいよ明後日、越冬隊と昭和基地と別れを告げる日だ。

＊

「なんか、素っ気ないな」。皆と別れてから二カ月近く、昭和基地へ入ったとき、懐かしさとうれしさの陰で、ちょっと寂しさもあった。

ヘリコプターの窓の外、東オングル島が近づいてくる。「お帰り！」「ご苦労様」「セルロンどうだった？」なんて、仲間がうわっと出迎えてくれるのかな。わくわくしながら、砂ぼこりが舞うヘリポートを見下ろす。でも人影がやけに少ない。「ご苦労様でした」と迎えてくれたのは数人だった。お昼時だから皆、基地の管理棟にそろっているのだろうとすぐに向かった。食堂に顔を出すと、「おおっ、お帰り！　ご無事で！」と厨房からにっこり、調理のすーさんこと、鈴木さんが出迎えてくれた。その笑顔にホッとしたが、昼食にばらばらと集まってきた面々の多くは、久しぶりの顔を見ても、「あっ戻ったんだ」と意外にあっさり。気が抜けてしまった私に、「うわっ！　帰ってきた〜！」と大声をあげて抱きついてきた江尻省さんに、「ありがとう！　そんなに感激してくれたの、えじりんが初めてだよ」と思わず言ってしまったくらいだ。

無理もない。昭和基地にいたメンバーはまた、大変な夏を過ごしたのだ。物資の輸送、建設・補修作業、野外観測……寝る間もないほど、へとへとになり、体の節々が痛くなるほど、夏作業をこなしたはずだ。食卓で席を並べると、「セルロンどうだった？」と話しかけてはくるものの、それほど熱心には聞いてこない。短い南極の夏、皆それぞれ、目の前のことで、いっぱいいっぱい、セルロンに関心を持つほどの気持ちの余裕はなかったのだろう。彼らはまたともに汗を流し、彼らの一体感を昭和基地の夏で築き上げてきたのだ。

「四十五次隊とは違うんだ」。あの苦しい夏を一緒に過ごしたからこそ、夏隊との別れのときにこみあげてくる思い、暗く寒い冬を昭和基地で一緒に過ごし、送り出されたドームふじ基地への遠征、そして四カ月後の帰還、その別れと再会の感動——。

「あのときと比べちゃいけない」。そう自分に言い聞かせ、食堂を後にした。階段を下りている途中、桑ちゃんこと、桑原新二さんとすれ違った。

「ねぇ、本山さんも帰ってきたら、四十五次で記念写真を撮ろうよ」。そのひと言が無性にうれしかった。

ドームふじ基地から本山さんも昭和基地に戻り、夏隊の帰還を前にした十一日夜、四十五次隊だったメンバーが集まることになった。カメラと三脚を抱えて、居住棟の扉を開けると、ひと夏ですっかり汚れたジャケット姿に、日に焼けた顔が並ぶ。工藤さん、桑ちゃん、佐々木利さん、大市君、本山さん、三浦さん。

「まず、19広場からだよね」。ドーム型のガラスの丸窓がてっぺんにある管理棟をバックに控えた「19広場」に「昭和基地」の看板が立つ。まさに記念撮影ポイント、そこで一枚。さて次は——。

「やっぱり、インテルでしょ。それからゾル小屋もね」

インテルサット衛星通信アンテナとエアロゾル観測小屋、私たち四十五次隊が建てたものだ。あの夏の思い出がぎっしり詰まっている。「行くよ」と声をかけてタイマーボタンを押し、黒い顔やひげ面が並ぶ横に飛び込んでパチリ。「この写真、四十五次のメーリングリストに送ろうね」

六年前の思い出にひたったわずかな時間。私たちは〝こそっ〟と戻った。総勢八十五人の五十一次隊で、七人とは最大グループだ。でも今は五十一次隊、「四十五次隊のときは……」とつい口にしてしまいそうな言葉も控えないと。工藤さんは越冬隊長、桑ちゃんは設営チーフ、佐々木さんは気象チーフ、若手の大市君も宙空観測の先輩、この四人はほかの仲間とともに、これから「五十一次越冬隊」の歴史を作るのだから。見慣れた故郷のようなこの景色の中、毎年違う顔ぶれがそれぞれの時代を作る。それが昭和基地なんだ。

午後八時四十分、低くなった太陽が大陸と海を覆う白い雪をほんのり茜色に染めていた。

昭和基地最後の夜、隊長は……

二月十二日、とうとう昭和基地最後の夜だ。ここに残り、冬を迎える越冬隊は二十八人、明日には「しらせ」に乗る夏隊三十三人とのお別れパーティーが開かれた。

この二カ月を振り返り、一人ひとりあいさつ。新しい「しらせ」が就航し、国際チャーター便も使い、先遣隊もあった五十一次隊。千キロ内陸のドームふじ基地へ、セルロンには地質・地形と隕石の三つの隊が展開、生物隊員らは大陸沿岸を転々とまわり、そして昭和基地は夏の大輸送や建設、解体など……実に盛りだくさんで、複雑なオペレーションだった。ベルギー、タイ、韓国、南アフリカ、インド、オーストラリアの研究者や技術者らも加わった大所帯、「初物」づくしで、苦労が絶えなかった本吉隊長は振り返り、こんな話をした。

「正直どうしていいかわからない時期もありました。本当につらかった」

「しらせ」がなかなか接岸できず、燃料が足りなくなって、セルロン隊のピックアップに行けない、長い距離の氷上輸送もしなければならなくなりそうだ——というときのことだ。

「だけれども、接岸できた、セルロン隊は飛行機でピックアップされることが決まった。そのとき、つらさを楽しみに変えました。『おもしろいぞ、楽しんでやろう』と思った。それから気分が変わりました」

私も同感。つらくて大変なことも、「ここでしかできない貴重な体験なんだ」とおもしろがってみることだ。寒くてどうしようもないとき、強風に吹き飛ばされそうなときも、「南極を生身の体で体感できるのってスゴイことなんだ」って。もちろんその瞬間、そう思える余裕なんてあまりないのだが、うまいことにつらい記憶というものは、時間とともに薄れてくれるもの。それでまた、南極へ来たくなってしまうのだ。

本吉隊長は最後にこう言った。「越冬隊に言いたい。人間の脳には三つの機能がある。一つは、生きたい、二つは知りたい、三つ目は、仲間を持ちたい。南極越冬隊にすべてあてはまる。どんなことがあっても生き延びてほしい。南極で学んで損することは、ひとつもありません。そして絶対に一人の人間を孤独にしないでください。私は来年、日本で待っています。帰ってくるまでが五十一次隊です」

第五章

人の命の長さとはかなさと

「南極病」──そこまでしてなぜ行きたい？

「越冬がんばれよ」

「元気で！　来年、日本で会おう」

「本当にありがとう」

二月十三日、昭和基地の小さなヘリポートで、いくつもの手と手が握られ、涙がこぼれ落ちていた。越冬隊二十八人を残して、夏隊が去る日がやってきた。

粋な計らいは、昭和基地の郵便局長・中本さん。昔風の郵便屋さんの服装で、肩からカバンをかけて現れると、夏隊員のほっぺたに五十円切手をぺたり、消印を押していく！

「まだ貼ってないのは誰だ⁉」

「五十円切手？　安いね。重量オーバーで日本に届かないんじゃない？」

「おっー、隊長にも貼らなくちゃ！」

涙で目を赤くしていた隊員たちが、泣きながら笑い転げている。

年齢も仕事も出身もばらばらの人間が「観測隊員」として集まり、ともに暮らし、力を合わせて任務をやり遂げていく──。ほかではなかなかこういうこともない。

大の大人がぼろぼろ泣きながら抱き合っている光景は、日本で見たら、ちょっと異様な光景だろう。でも南極では「物が壊れた」「ないからできない」ではすまされず、なんとかならないようなものでも、なんとかしなければならないことばかり。だからこそ、一人ではできないこと、皆がひとつになってやっとできることを実感し、乗り越えたときの喜びも倍増する。そのこみあげる思いが、あの涙かな——。カメラレンズの向こうの顔を見つめながら、そう思った。

私も越冬隊に別れを告げる番だ。

「日本に帰っても、ずっと応援して見守っているからね」

ヘリコプターのローターが頭上でやかましく響く中、「また南極に来てくださいね」という内田新二さんの声が聞こえた。二回も来させてもらって、さすがにもう許されないだろうなぁ——と思いながらも、そう言われると本当にうれしいものだ。

「越冬したいし、何回でも来たい」なんて、これはもう重度の「南極病」だ。

今回のセールロンダーネ山地での長期の野外取材、四十五次隊でのドームふじ基地への遠征とはまた違った厳しさだった。標高三千八百十メートルのドームふじまでは一カ月の旅、マイナス六十度を体験し、二カ月半暮らして帰ったのだが、今回は標高千五百メートル前後、気温はドームふじより暖かくても、逃げ場のない裸氷の上でやむことのない強風に吹きっさらしで七～十時間もという過酷な日々。

そこまでして、なぜ行きたいのか――。うまく言葉にできないが、どんな寒さもつらさも、体で味わえるからだろう。情報で得た知識は簡単に忘れてしまっても、生身の体で体験した記憶はなかなか消えない。

きらめく氷、立ちはだかる巨大なセルロンの岩山、風にながれる雪……夢中でシャッターを切っていると、「自分の目で見たい」と手を止めてしまうことがあった。

その美しい色も光も、カメラのフレームに切り取られた世界には表しきれないからだ。

隕石をみつけるため、大陸の歴史や気候変動を探る石をみつけるため、それを取材するため……それぞれの目的の前に私たちはまず、向き合わなければならない厳しい自然が、ここにはある。目的の地までたどり着き、住める場所を確保し、水を作り、生活していくこと――自分たちの手で切り開き、飛び込んでいったときに初めて、南極はありのままの姿、四十六億年の時を刻んだ地球を見せてくれるのだ。

でもその圧倒する姿を前にして、「命って何なのだろう」――その究極の問いの答えがみつからず、またこの地球をもっともっと知りたくなってしまう。

＊

再び、「しらせ」の船上生活が始まった。暖かい部屋での暮らしは快適でもあるが、大きな仕事を終えて帰途につく寂しさもある。時折、冷たい風の吹く甲板に出ては、南極の名残を確かめてみる。

ボコボコボコ――。部屋でくつろいでいたらトイレから妙な音が聞こえる。のぞいてみると、水がぱしゃぱしゃ、噴火口のように跳びはね、便器の外にまで飛び散っている。うわっ大変！

あわてて乗員を呼んだら、「故障ではありません。水をたくさん流してください」。

「しらせ」のトイレは海水を使っている。バルブを回してゴーッと流して、止めるが、流し方が足りないと配管に空気がたまってしまい、こんなことが起きてしまうのだという。

先日は、共同トイレの水のバルブの閉め忘れが続くトラブルが起きたばかり。

おまけに昨日は、「水の消費が激しいので、もっと節水を」と観測隊は注意されたところ。野外生活で水の大切さが身に染みている私は、節水を心がけていたが、海水トイレは、ケチケチ流しているといけなかったのだ。

そう言えば、いない間も飛び散ったのか、久しぶりに「しらせ」に戻ったとき、便器に塩がたっぷりこびりついていた。「しらせ」はお風呂も南極海の水なのだ。

船が揺れると、風呂の湯船もざっぷんざっぷん、波のよう。

今、「しらせ」は南緯六十二度、東経八十二度、南極大陸をぐるっと東にまわっている。

マイナス六時間だった日本との時差はだんだん縮まり、三月一日からはマイナス三時間。氷山も少なくなって、北上開始も間もなくだ。

＊

「越冬隊員はメタボになる⁉」

こんな話題が出たのは、二日に始まった「南極大学講座」だ。観測隊員が講師となって、しらせ乗員向けにお話ししているが、今日は五十次越冬隊の井口まりドクターが、越冬中に隊員たちの食生活や体重、運動量などを調べて、まとめたものを紹介してくれた。

豪華なおせち料理に、六月はミッドウインター祭のフレンチ・フルコース料理——特別のごちそうがとかく話題になるものだから、「ぜいたくなもの食べて、太るんじゃないか」……なんて思う人もいるようだが、もちろん普段はサンマが出たり、そばが出たりもするものだ。

三月から十二月までみると、個人差はあるが、体重はそれほど増えていないし、コレステロールや中性脂肪の値は下がっている人たちも。調理隊員やお医者さんたちが栄養や健康をちゃんと考えてくれているからか。

でも私が気になったのは、寒い野外で過ごすときに消費するエネルギー、体重との関係はどうだろう。最低気温マイナス七十九・七度を記録したドームふじ基地で、かつて越冬した人たちは皆やせて、体重が二十キロ落ちた人もいたという。標高三千八百十メートルの空気の薄さもきいたかもしれない。

今回の五十一次隊で、強風と寒さが厳しいセールロンダーネ山地で長期間過ごした地学調査隊でも、十キロやせた隊員もいた。

もっと気になるのは、ではなぜそんな環境でも、私は増える⁉

「食べても食べても、ドームふじで暮らせばやせる」というのに、四十五次隊のときに私だけは体重アップ。「ドームに行って、体重増えたヤツって、初めて聞いたな」とドクターに感心される始末だ。今回のセルロン隊でも皆、普段以上に食べていながら、ほとんどの隊員は体重が落ちたらしい。「増えた」というのは、私ともう一人だけ。燃費がいい？　基礎代謝が違う？　単に食べ過ぎ？

気付けば、日本へ帰る日もあと半月だ。「帰りの『しらせ』で、元の体重に戻そう」なんて思っていたのに、服のフィット感から察するに、しっかり維持していそう。恐る恐る体重計にのってみたら……揺れる船の上では、数字が増えたり減ったり、四、五キロも動いてしまって、さっぱりわからなかった。

「極」もいろいろ

三月五日、昼の十二時二十二分、「ただいま南磁極！」と艦内に放送が響いた。

「動いた？　止まった？」

「何か、変わった？」

皆の視線の先はコンパスの針。「しらせ」が南磁極に到達し、S極がどちらにふれるのか、じっと見守る。

「海の上？　磁極って何？」と思った人のためにちょっと説明しよう。

コンパスのN極は北極、S極は南極を指すと学校でも教わったはずだが、実は地球磁石のN極やS極は、地図上の北極点や南極点とはかなりずれているのだ。

「しらせ」の位置は南緯六十四度四十分、東経百三十七度四十七分、南極大陸岸から二百キロくらい離れた海の上で、ここが磁石が指す南、「南磁極」なのだ。しかも毎年、少しずつ動いている。でも普通のコンパスだと、針が傾いて見えるほどには変化は見えない。

「しらせは鉄の塊だから、ここで測るのは難しいのかな」

そこで国土地理院の菅原安宏さんが持ち出したのが、「偏角伏角《ふっかく》測定器」。水平方向だけではなく、垂直方向にも向けられるコンパスだ。するとS極が下を指して、N極は空を向いている！「しらせ」が地図上の南に向かって少し走り出したら、普通のコンパスもS極が後ろを、つまり南磁極を向いた。

昭和基地でコンパスを使っても、S極はこの南磁極を指すわけだから、南極点を向かない。

地図上の南、つまり南極点の方向より東へ四十九度も傾いて、南東を指してしまう。

実は南極には、ほかにもまだ「極」がある！　地球の磁場から、地球を貫く巨大な一本の棒磁石を想定して、その軸が地表と交わるところを「南磁軸極」とか、「地磁気南極」という。こちらは南極大陸の上、やっぱり年々動いている。じゃあ南極点って何？――といったら、地球が自転する軸が地表を貫く所だ。

「極」もいろいろ、極地で地図とコンパスを使うときには注意しましょう！

送れなかった「ホワイトメール」

南極から送り続けた「ホワイトメール」で、ボツになったものが一通だけあった。書くべきかやめるべきか、私自身も悩んだものだ。新聞記事と違って、「ホワイトメール」はデスクがほとんど手を加えず、私が書くトーンを生かして、携帯電話のニュースサイトへ配信してくれていた。だが、この一本だけは見合わせることになった。これまでの明るく、楽しい雰囲気とはかなり違ったこと、それも悪くはないのだが、「最終回も目前というころになって重た過ぎるのでは」――というデスクの配慮からだった。それはこのメールだ。

別れの時　三月七日　曇り　一・七度

南緯六十四度、東経百五十度、「しらせ」は今日、北上を始めました。

昨日朝、悲しい知らせが届きました。亡き母の弟、父の兄が続けて亡くなったと。

二人とも父母の岡山の実家を継ぎ、幼いころはよく遊びに行ったものです。

五年前、南極から帰国したときは、「岡山で話を聞かせて」と小学校や公民館に呼んでくれました。「姪が南極へ行ってね」なんて話す姿がどこか誇らしげにも見え、私は気恥ずかしくもあり、うれしくもありました。

新見の叔父には出発の三日前に会いに行きました。

「容態があんまりよくないの。由美ちゃん、会っておいた方がいいかも」。南極へ行くことを知らせたとき、従姉妹からそんな連絡が入ったからです。本当は、行くかどうか迷いました。「もしかしたら最期かも」と、よぎる気持ちを認めたくなかったのです。でも「春また会える」と信じていました。

今日は二人の葬儀。私ができるのは電話だけ。千葉から出かけていく父に、寄り添うこともできません。

私の息子、亡くなった姉の長男ですが、その父親は、私の出発の日に大きな手術をしました。今もまだ入院中で息子は今週からまた、しばらく静岡へ見舞いに行くと。

そんな折、好きなことをやらせてもらった私はただ、「しらせ」の中でパソコンに向かい、ベッドで眠りにつくことしかできないのです。

こんな個人的な話を書くのはどうかとも思いました。感動と喜びにあふれ、つらいことも笑いとばす楽しい日々――それは真実でも、それだけではないのが本当の姿です。

南極で暮らす観測隊員たち、しらせ乗員たちもまたそれぞれ寂しさがあったり、悲しい別れがあったり、いろんな思いを胸に秘めているはず。家族や友人、大切な人たちに届かぬ距離、埋められぬ時間があるのです。

数十万年前の氷の上に立ち、十億年前の岩に触れ、四十六億年前の隕石に出会った南極。悠久に思いをはせても、私が今、実感できるのは、人の命の長さと巡る日々。星の命なら、瞬きにも過ぎない一瞬、でも……いいえ、だからこそ、かけがえのなく重く大きなものです。

南極に別れを告げるオーロラ

三月十二日午前零時過ぎ、「しらせ」は南緯五十五度を越えた。

南極とも、もうすぐお別れ、「最後に見えないかな」と皆が毎晩期待しているのがオーロラ。

それがとうとう昨夜、頭の上で乱舞した！

「左舷にオーロラ」。放送がかかると、「待ってました」とばかりにカメラと三脚をつかんで、甲板に走る隊員たち。これまで何度もそんなシーンを繰り返してきたが、うっすらぼんやりした光ばかり、オーロラと呼ぶには、かなり寂しいものだ。

おまけに船の上。昭和基地ならカメラを三脚に固定し、シャッタースピードを十五〜三十秒と遅くして撮れば、きれいに写る。でも揺れる「しらせ」の上ではぶれてしまう。数秒にしても、星が円を描いてしまったり、「へ」の字や「の」の字を書いたり、もっと速くすれば暗過ぎて写らず、撮影は至難の業だ。

昨夜も半分諦めながら、三脚にカメラをすえて夜空を仰いでいた。何枚も撮ってはみたが、「やっぱり厳しいな」と船室に戻ろうとしたときだった。急に光の帯が天に昇るようにするする伸びていく。

「おっ、光ってきた」「広がってきたよ！」

明るさを増し、緑やピンク、青っぽい色が輝きながら、カーテンのすそが揺れるように、光が踊っている。

「おーっ、すごい、すごいよ！」

真っ暗な甲板のあちこちから声があがる。ほんの十秒、二十秒くらいだったか。光のショーはあっという間に終わり、また薄く弱い光に戻ってしまった。幸運な贈り物をもらったのは、看板にねばっていた何人かだけだった。諦めて、早めに船室へ引き揚げていた隊員たちには、あとでうらめしい目で見られた。

太陽が沈まない白夜が続く南極の夏。「日帰り」と呼ばれる夏隊では、諦めていたオーロラを思いがけず見ることができた。その幸運を喜ぶ半面、見てしまったら見てしまったで、もっときれいなオーロラが見たくなる。もっときれいに撮影したくなる。「帰りたくない。越冬したい」という気持ちは募るばかりだ。

風のささやきに耳を傾けて

空は抜けるように青く、海の上を暖かな風がそよいでいる。温度計を見たら、なんと二十二度！　突然、初夏がやってきた。数日前にオーロラを見たばかりなのに、信じがたい激変だ。ジャンパーやオーバーパンツ、帽子や手袋をあわてて洗った。

南緯三十七度、東経百五十一度、シドニーはもう目の前。船を下りる身支度が始まった。「しらせ」は私たちを下ろしたあと、日本へ向けてあと二十日間ほど航海し、四月九日、東京・晴海港に着く。船に残して、あとで日本で受け取る荷物と、飛行機で持って帰る荷物とに分けて、申告リストを作ったり、部屋を片付けたり。大掃除を始めたしらせ乗員たちは、甲板でまぶしい日差しを浴びながら汗ばんでいる。なんだかそわそわ、落ち着かない雰囲気になってきた。

夜、甲板に出てみると、天の川が天頂へ昇り、マゼラン星雲はほんのり柔らかな光を放っていた。小さな星座・南十字星も輝いている。私たちを見守ってきたこの南半球の星たちとも、間もなくお別れだ。ふと視線を海に落とすと、ぽわっぽわっと、白っぽいものが光っては消える。波間にあっちにもこっちにも。

「クラゲ?」「プランクトン?」

「イカにしちゃ、多過ぎるよね。何だろう?」

よくわからないが、船の後ろにカメラを向け、シャッター速度を遅くして撮ってみると、「しらせ」の航跡が青や紫にぼんやり幻想的に輝いている。まるで夜の高速道路、人々が住む街へと導かれているみたいだ。

＊

風にそよぐ緑の香りが、白い氷の世界から帰ってきた私たちを出迎えてくれた。「しらせ」は三月十七日午前九時半、シドニー港に着いた。

鮮やかな街の彩りがまぶしいばかり。この四カ月、観測隊員としらせ乗員の顔しか見ていなかったのに、見知らぬ人が歩いている、車が走り、高層ビルが建っている、スーパーのウインドウから見える山積みの野菜と果物……目にするものすべてが新鮮だ。

スタンドのホットドッグの匂い、虫の声、木漏れ日のぬくもり、今までなかったものがあふれる不思議な空間に放り込まれ、何かそわそわ、頭がくらくらしてきそうだ。

美しい世界・南極にいた――そんな心地良い夢から覚めてしまったような寂しい気分も。もしタイムスリップをしたらこんな気分なのかもしれない。

雪と氷に閉ざされ、人の手が触れることなく、ありのままの姿を残す南極に暮らし、そして今、四十六億年の時を飛び越え、人間や様々な生命の躍動感あふれる世界に戻ってきたのだから。

南極での時間は、この星がどんな風に生まれ、生きものたちがどうやって誕生し、そしてこの地球の姿を変えてきたか――果てしない想像力をかきたててくれるものだった。日々の生活では忘れてしまっていることを。

でもそれは、私たちのすぐそばの山や海、木々に小さな生きものたちに目を向けてみても、きっと見えてくるはず。南極が教えてくれたメッセージをもし忘れてしまいそうになったら、そっと風のささやきに耳を傾けてみよう――。旅の終わりにそう感じた。

エピローグ——この星が教えてくれたこと

世の中、なかなか思うようにいかないもんだな。

そんなことぼやいたら、「二度も南極に行かせてもらった奴が、何を言っているのか！」なんて、憤る声が聞こえてきそうだ。

でも、氷の大陸から戻った私には酷な夏だった。とけてしまいそうな猛暑のせいではない。ベッドの上の父の姿を前に「なぜ？」、答えの出ない疑問が頭を何度も何度もよぎる。ついこの前までぴんぴんしていたのに、病は前触れもなく襲ってきた。三月には母の弟、父の兄が他界した。七月にはヒロの父親、亡くなった姉の前の夫も。「皆の運を、私が取ってしまったのか」なんて申し訳なく思えてもくる。最初の南極行きは、母がガンで亡くなり、その三回忌を直前に姉が事故で亡くなった翌年だった。まだやりたいことがたくさんあったはずの二人の分まで、私はチャンスをもらったのだと思った。

二度目の南極行き、その切符を手に入れるまでは死にものぐるいだった。でも、自分の夢をかなえるための苦労なんて、本当は苦労のうちに入らないだろう。

セールロンダーネ山地は過酷だった。マイナス六十度のドームふじで暮らせたのだから、なんとかなると思ったのは甘かった。強風にさらされ、八時間も氷の上を走る毎日。でもそんな厳しい環境に飛び込んでも、どこか楽しんでいる自分がいる。「何やっているんだか。私もバカだな」と笑いながら、南極の自然を体いっぱいで受け止めている。

昭和基地、ドームふじ、みずほ、あすかの四つの基地――一九五六年から続く南極観測隊の中で、すべて踏破した人はまだほかにいないだろう。私の力ではなく、支えてくれた多くの人たちにいただいた幸運だ。でも私は誰かほかの人のために、何ができただろう？

玉のような汗が毛穴からじっとり染み出す灼熱《しゃくねつ》の日差しを受け、病院への道を歩きながら、考えていた。病室のベッドは透明なシートに囲われていた。「忙しいのに悪いね」。細菌を阻むクリーンルームの中で、外の熱気や排ガス、騒音ですら懐かしがる父がいる。震える指先でページをめくり、私が撮ったペンギンの写真を微笑んで眺めている。

そうか……私ができることは、いろんな所へ行って、おもしろい記事を書いて、素敵な写真を撮って、がんばる姿を見せ、元気づけることなのだ。父だけじゃない。支えて、見守ってくれた人たちへ、恩返しにやらなければいけないことは山ほどある。

翌日、秋田へ飛んだ。来港した観測船「しらせ」の前に長い列ができていた。金浦（現・にかほ市）出身の白瀬矗中尉が南極探検へ出発してから今年は百周年。秋田は様々なイベントを仕掛けている。「白瀬一家だよ」、呼ばれて振り向くと、生家・浄蓮寺を継いだ住職と娘夫婦とその息子、ニキビ面の高校生は白瀬大智君だ。「えっ？　あのときの！」。二〇〇四年、昭和基地で越冬していたときにテレビ会議で交信した金浦小学校の児童の一人だ。皆でビデオを作って、私たち越冬隊に見せてくれた。「白瀬中尉の銅像と同じ格好してレポートしてくれたよね！」、小学生の大智君の姿がよみがえる。「ここは矗が生まれ育った家です。ぼくの家でもあるんです」――。あの画面越しの対面から六年ぶり。「ここで再会できるなんて」と大智君は真っ赤な笑顔で汗をふいてばかりいた。「ただ驚いて、とてもうれしくて……」とあとからメールが来た。「私にとっての南極の魅力はオーロラ。地球の不思議を感じるんです」

翌日のイベントに、衛星回線で昭和基地の越冬隊員が登場した。「日本は暑いですか？　こちらはマイナス二十度です」。子どもたちは一万四千キロ彼方から届く映像から目が離せない。「北極とどっちが寒い？」「魚は凍らないの？」……。「なぜ？」って気持ちは、地球の不思議に迫る一歩。この子たちはどんな夢を形にしていくのだろう。七十歳くらいの男性も手を挙げる。「南極の山に登ってみたいんです」。夢を見るのに年齢制限はないのだ。南極の魅力を届け、いろんな人たちとつながるって、なんて素敵なことだろう。

科学も環境も、歴史も語れる南極、国境のない大陸は平和の象徴だ。そして夢への挑戦の舞台だ。二度目の挑戦で私が教わったのは、夢を諦めない、かなうと信じることだ。

振り返れば、「途中でよく諦めなかったもんだな」と我ながら苦笑いしてしまう。「ダメ」と言われたも同然の窮地でさえ、「可能性は限りなく小さくてもゼロじゃない」と自分に言い聞かせていた。「きっと行けるよ。何の根拠もないけれど、そう思う」。そんなことを言う友もいた。何が何でも諦めない、私の意地が見えていたのだろう。

自分のことにはそれくらい強気だったのに、「白血病」という病名にはショックを受けた。父には入院から一カ月、言えなかった。抗ガン剤治療の一クールが終わり、効果が見え始めた九月末、医師が説明した。「いい薬が出て、今は治せる病気です」。私も「不治の病なんてドラマで描かれたのは昔のこと。元気にならなくちゃ」と励ましながら、告知をためらっていた自分に気付いた。諦めに似た気持ちも抱いていたことを。

どうにもならないときもある。立ち止まらざるを得ないことも。そこで諦めたら、終わってしまう。でも諦めなければ、希望は残されるのだ。「大丈夫、まだがんばれる!」、その気持ちが前へ進むエネルギーになる。夢への道は続く。

それにしてもなぜ、南極へ行きたいのか? 「寒くて、特殊な所に行きたがるなんて変わった奴」と思う人も多いだろう。でも、どっちが自然だろう。地方出張からの帰り、羽田空港に迫る飛行機からビル群を見下ろしていると、いつも落ち着かない気分に襲われる。コンクリートの人工物しか見えない、東京の方が不自然な世界では？

南極には、ありのままの地球の姿がある。大陸を覆う厚い氷は、七十万年の地球の気候変動を語り、岩は大陸の成り立ちの歴史を刻む。氷原でみつけた隕石は、四十六億年前の太陽系誕生を探る鍵となる。小さなかけらは、星々がどう生まれ、進化したかを語ってくれる。とてつもなく長い旅をし、悠久の時を経て、氷の上で出会う――なんという偶然だろう。私たちは、この星の生命は、どうやって生まれたか、きっと誰もが知りたいはず。そして命をつなぐことの意味を。

あぁ、また南極へ行きたくなってきた。「南極病」はとても治りそうにない。

二〇一〇年十月五日

中山由美

著者略歴―――

中山由美 なかやま・ゆみ
朝日新聞東京本社科学医療グループ記者。1993年入社。青森支局、つくば支局、外報部、社会部を経て、現職。外報部時代には、2001年9月11日の同時多発テロ実行犯の生涯を追って、ドイツや中東を取材。長期連載「テロリストの軌跡」(2002年度新聞協会賞受賞)の担当者のひとり。

2003年11月～05年3月、第45次南極観測越冬隊に同行。報道記者としては女性で初めて。昭和基地から雪上車で1カ月、1000キロ遠征し、マイナス60度のドームふじ基地で氷床掘削を取材した。2008年8月には北極・グリーンランドで、米国観測チームに同行して解けゆく氷床を取材した。2009年11月～10年3月まで、51次観測隊で南極再訪、隕石探査に同行し、セールロンダーネ山地で40日間を過ごした。

著書に『こちら南極 ただいまマイナス60度』(草思社)、『テロリストの軌跡』(共著、草思社)、『南極ってどんなところ?』(共著、朝日新聞社)がある。

ヘッドライト・テールライト　作詞・作曲　中島みゆき　(90頁)
©2000 by YAMAHA MUSIC PUBLISHING,INC.& JAPAN BROADCAST PUBLISHING CO.,LTD.
All Rights Reserved. International Copyright Secured.
(株) ヤマハミュージックパブリッシング　出版許諾番号　10170P
(この楽曲の出版物使用は、(株) ヤマハミュージックパブリッシングが許諾しています。)
JASRAC 出 1013243-001

南極で宇宙をみつけた!
生命の起源を探す旅
2010©The Asahi Shimbun Company

2010年11月25日　第1刷発行

著　者　中山由美
装　幀　Malpu Design(清水良洋)
本文デザイン　Malpu Design(佐野佳子)
発行者　藤田　博
発行所　株式会社草思社
〒170-0002　東京都豊島区巣鴨4-7-5
電話　営業 03(3576)1002　編集 03(3576)1005
振替　00170-9-23552

印　刷　中央精版印刷株式会社
製　本　株式会社坂田製本

ISBN978-4-7942-1786-8 Printed in Japan　検印省略
http://www.soshisha.com/

草思社刊

こちら南極　ただいまマイナス60度
越冬460日のホワイトメール

中山由美 著

朝日新聞の中山由美記者による第四十五次南極観測隊随行記。女性記者初の越冬記である。圧巻は往復二〇〇〇キロに及ぶ南極で最も高い基地への旅だ。

定価 1,680円

世界一空が美しい大陸　南極の図鑑

武田康男 著

清浄な空と手つかずの大地で起きる、夢のように美しい自然現象。南極でしか見ることのできない現象を、一七〇点以上の美しい写真で、科学的解説とともに紹介する。

定価 1,680円

楽しい気象観察図鑑

武田康男 著

天気の不思議を探しに行こう！自然の美しい現象の背後にどんな科学があるか、どうすれば見られるかを二〇〇点近い美しい写真で解説する。子供と一緒に楽しむ本。

定価 1,995円

生命40億年全史

リチャード・フォーティ 著
渡辺政隆 訳

隕石衝突、地殻変動、気候激変、絶滅と進化――生物たちの命運を分けた事件とは。謎とドラマに満ちた壮大な進化劇を巧みな語り口で一気に読ませる決定版・生命史。

定価 2,520円

＊定価は本体価格に消費税5％を加えた金額です。